Bernd Franco Hoffmann

111
Eisenbahnorte
im Rheinland,
die man gesehen
haben muss

Mit Fotografien von Anton Luhr

emons:

Bibliografische Information der Deutschen Nationalbibliothek
Die Deutsche Nationalbibliothek verzeichnet diese Publikation
in der Deutschen Nationalbibliografie; detaillierte bibliografische
Daten sind im Internet über http://dnb.d-nb.de abrufbar.

© Emons Verlag GmbH
Alle Rechte vorbehalten
© der Fotografien: Anton Luhr
© Covermotiv: Elena Rosa Gil
Layout: Eva Kraskes, nach einem Konzept
von Lübbeke | Naumann | Thoben
Kartografie: altancicek.design, www.altancicek.de
Kartenbasisinformationen aus Openstreetmap,
© OpenStreetMap-Mitwirkende, ODbL
Druck und Bindung: Lensing Druck GmbH & Co. KG,
Feldbachacker 16, 44149 Dortmund
Printed in Germany 2018
ISBN 978-3-7408-0344-5
Originalausgabe

Unser Newsletter informiert Sie
regelmäßig über Neues von emons:
Kostenlos bestellen unter
www.emons-verlag.de

Vorwort

Ob als stolzer Besitzer einer Modelleisenbahn, als entspannter Reisender im ICE oder wartender Autofahrer vor einer Schranke – irgendwann ist jeder Mensch schon mal der Eisenbahn begegnet oder mit ihr unterwegs gewesen. Eisenbahnen haben die Menschen seit jeher fasziniert. Spätestens Mitte des 19. Jahrhunderts waren die stählernen Schienenwege der vielerorts ersehnte Treibstoff für wirtschaftliches Wachstum.

Auch im Rheinland entwarfen kluge Köpfe Verkehrswege, die noch heute Menschen und Güter grenzüberschreitend verbinden. Aus den Anfängen privater Eisenbahngesellschaften entwickelten sich legendäre Strecken, prächtige Bahnhöfe und neue Reiseziele. Nicht alles überlebte den Zahn der Zeit, doch in den Herzen und Köpfen der Menschen sind gerade die verschwundenen Lokal- und Nebenbahnen unvergessen. Meine Absicht ist es, mit diesem Buch die Eisenbahn in ihrer ganzen Vielfalt zu präsentieren, die ich im Laufe der Jahre als Buchautor und Journalist kennengelernt habe. Der Leser findet sowohl berühmte Bahnhöfe, als auch weitgehend unbekannte Denkmäler, fast vergessene Relikte oder faszinierende Feldbahnmuseen. Auf meinen Streifzügen mit dem Fotografen Toni Luhr bin ich an Eisenbahnorten gewesen, die ganze Geschichten erzählen, und bin Menschen begegnet, die mit viel Herz und Engagement das kulturelle Erbe einer ganzen Verkehrsepoche bewahren.

Das einstige Eisenbahnbaufieber ist schon längst abgekühlt, und viele befahrene Strecken zehren von den Visionen ihrer Gründungsväter. Doch noch immer ziehen Schienen die Menschen in ihren Bann. S-, U- oder Stadt-Bahnen gehören zu unserem Alltag, und die ganze Wirtschaftsbranche des Modellbaus lebt von der ewigen Faszination für Dampf-, Diesel- und E-Loks. Gehen Sie deshalb mit diesem Buch auf eine abwechslungsreiche Reise zu 111 Eisenbahnorten im Rheinland, die man gesehen haben muss.

Bernd Franco Hoffmann

111 Orte

1 ____ Das Hansemann-Denkmal | Aachen-Innenstadt
Gewinner des Eisenbahnduells | 10

2 ____ Die Bahnhofsvision | Aachen-Kornelimünster
Ein Salat »Streckenwärter« als Stärkung | 12

3 ____ Der Falkenbachviadukt | Aachen-Kornelimünster
Trumpfkarte für künftigen Tourismus | 14

4 ____ Die Eisenbahnfreunde Grenzland | Aachen-Walheim
Täglich werkeln für die Wiederkehr | 16

5 ____ Der Bahnhof Mariagrube | Alsdorf-Mariadorf
Das Ende von Emil | 18

6 ____ Der Engelsley-Tunnel | Altenahr
Blick auf die Bergketten | 20

7 ____ Der Museumsbahnhof Asbach | Asbach
Im Geiste des Gründers | 22

8 ____ Der Silberbergtunnel | Bad Neuenahr-Ahrweiler
Champignonzucht im Schutzbunker | 24

9 ____ Der Driescher Kreisel | Bergisch Gladbach
Der Kirmes-Kreisel | 26

10 ____ Das Stellwerk Gf | Bergisch Gladbach
Allein im »Altertümchen« | 28

11 ____ Das Budde-Denkmal | Bergisch Gladbach
Ein Held der Eisenbahn | 30

12 ____ Der Bahnhof Gronau | Bergisch Gladbach
Fassbier für die letzte Fahrt | 32

13 ____ Der Bahnhof Ahrdorf | Blankenheim
Ein Probenraum für BAP | 34

14 ____ Die Modellbahnanlage Bonn | Bonn
Wie zu Kaisers Zeiten | 36

15 ____ Der Bahnhof Bonn-Beuel | Bonn-Beuel
Das Refugium der RSE | 38

16 ____ Der Kleinbahn-Bahnhof | Bonn-Beuel
Mit dem Kirmes-Express zum Pützchens Markt | 40

17 ____ Der Rheinuferbahnhof | Bonn-Beuel
Gleisbogen in der Grünanlage | 42

18 ____ Der Köln-Bonner Hermes | Bonn-Dransdorf
Der letzte Überlebende | 44

19 — Die Wesselbahn | Bonn-Endenich
Wehmut im Wurst-Waggon | 46

20 — Der Bahnhof Brohl BE | Brohl-Lützing
Mit Volldampf unterwegs im Vulkan-Express | 48

21 — Der »Kaiserbahnhof« | Brühl-Kierberg
Ein Kastanienweg für Seine Majestät | 50

22 — Der Dauner Viadukt | Daun
Der Blick auf den Burgberg | 52

23 — Der Alte Bahnhof Hützemert | Drolshagen-Hützemert
Aus Fritz wurde Emma | 54

24 — Die Dürener Drehscheibe | Düren
Scheibchenweise reaktiviert | 56

25 — Die Gedenktafel | Düsseldorf-Innenstadt
Festzug mit »Rhein« und »Wupper« | 58

26 — Die Steilstrecke | Erkrath
Abfahren mit Anlauf | 60

27 — Der Lokschuppen Hochdahl | Erkrath-Hochdahl
Hochzeit auf dem Bahnsteig | 62

28 — Die Ludendorffbrücke | Erpel
Theater im Tunnel | 64

29 — Die »Zucker-Susi« | Euskirchen
Eine Zukunft für das Zuckerstück | 66

30 — Der Alte Bahnhof Frechen | Frechen
Nostalgie bei einem Glas »Finchen« | 68

31 — Die Selfkantbahn | Gangelt
Ein lebendiges Geschichtsbuch | 70

32 — Der Bahnhof Lindern | Geilenkirchen-Lindern
Die Wiederkehr der Wurmtalbahn | 72

33 — Das Spielzeugmuseum | Grefrath
Per Aufzug zur Eisenbahn | 74

34 — Das Eisenbahnmuseum Dieringhausen | Gummersbach-Dieringhausen
Eine Stadt im Dorf | 76

35 — Die Waggonbrücke | Heiligenhaus
Ein Lückenschluss mit LED-Beleuchtung | 78

36 — Der Bahnhof Köln Eifeltor | Hürth
»Raubzüge« am Rangierbahnhof | 80

37 — Die Rheinbraun-Lok 1036 | Hürth-Alt-Hürth
Koloss der Kohlenbahn | 82

38___ Der Bahnhof Jülich | Jülich
Abstieg mit Amelner Weizenkorn | 84

39___ Das Eisenbahnmuseum Jünkerath | Jünkerath
Eine Museumsbahn wird Bahnmuseum | 86

40___ Die Modelleisenbahn-Gemeinschaft | Kerpen-Brüggen
Das Gold von Hubertus | 88

41___ Die »Klüttenbahn« | Köln-Braunsfeld
Wo die Eisenbahn die Straßenbahn kreuzt | 90

42___ Der Betriebshof Thielenbruch | Köln-Dellbrück
Märchenbahnhof mit Museum | 92

43___ Der Bahnhof Deutz-Tief | Köln-Deutz
Transporte in den Tod | 94

44___ Der Bahnhof Schiffbrücke | Köln-Deutz
Das große Jammern ist vorbei | 96

45___ Die Rheinparkbahn | Köln-Deutz
Eine Reise zum Rosengarten | 98

46___ Die Bayer-Werksbahn | Köln-Flittard
Der »Aspirin-Express« | 100

47___ Das Alweg-Testgelände | Köln-Fühlingen
Visionen »made in Fühlingen« | 102

48___ Der Rheinhafen Godorf | Köln-Godorf
Eine Trasse zum »Tonnen-Millionär« | 104

49___ Der Haltepunkt Holweide | Köln-Holweide
Der »Willy-Röhrig-Gedächtnisbahnhof« | 106

50___ Der Bahnhof Köln-Kalk | Köln-Kalk
Aus dem Stadtteil verschwunden | 108

51___ Das Rheinische Industriebahn-Museum | Köln-Longerich
Abenteuerspielplatz für Erwachsene | 110

52___ Das Pferdebahndepot | Köln-Mülheim
Ein Relikt des »Ross-Express« | 112

53___ Der Wiener Platz | Köln-Mülheim
Der große »Bahnhofskrieg« | 114

54___ Der Bahnhof Belvedere | Köln-Müngersdorf
Ein Bahnhof zur Belustigung | 116

55___ Die »Donnerbüchse« | Köln-Neustadt-Nord
Die Liebe eines Lokführers | 118

56___ Die Ludolf-Camphausen-Straße | Köln-Neustadt-Nord
Der Vater des »Eisernen Rheins« | 120

57___ Der Rheinauhafen | Köln-Neustadt-Süd
Überwuchert, verschlossen und vergessen | 122

58 —— Der alte Bahnhof Worringen | Köln-Nippes
Der versetzte Bahnhof | 124

59 —— Die Kölner Südbrücke | Köln-Poll
Aus der Not heraus gebaut | 126

60 —— Der Bahnübergang Gremberghoven | Köln-Porz-Gremberghoven
Und ständig fällt die Schranke | 128

61 —— Der Endbahnhof | Köln-Riehl
Gleise in der »Goldenen Ecke« | 130

62 —— Die Haltestelle Zündorf | Köln-Zündorf
Der Rest vom »Rhabarberschlitten« | 132

63 —— Die Drachenfelsbahn | Königswinter
Hinauf auf den »Berg der Deutschen«! | 134

64 —— Der Hülser Berg | Krefeld-Hüls
Schluffend durch den Niederrhein | 136

65 —— Der Bahnhof Pattscheid | Leverkusen-Bergisch Neukirchen
Der Zwei-Ebenen-Bahnhof | 138

66 —— Das Kran-Café | Leverkusen-Hitdorf
Kaffee und Kuchen statt Kleinbahn | 140

67 —— Die Persil-Lok | Leverkusen-Hitdorf
Ruhesitz am Kreisverkehr | 142

68 —— Die Bahnstadt Opladen | Leverkusen-Opladen
Spielen unterm Bahnhofsdach | 144

69 —— Die Dampfbahn Leverkusen | Leverkusen-Wiesdorf
Fahrspaß im Stadtpark | 146

70 —— Die Freilicht-Feldbahn | Lindlar
Über Schotter, Feld und Flur | 148

71 —— Der Bahnhof Linde | Lindlar-Linde
Der Traum des Hermann Haeck | 150

72 —— Die untere Aggertalbahn | Lohmar
Still liegt das »Luhmer Grietche« | 152

73 —— Der Bahnhof Kottenforst | Meckenheim-Lüftelberg
Schönheit an der Schiene | 154

74 —— Die Lok 15 | Monheim
Ein Glas Bier ins Gleis gestellt | 156

75 —— Der Bahnhof Morsbach | Morsbach
Ein Reizthema für die »Republik« | 158

76 —— Die Hammer Brücke | Neuss
Steinerne Zeugen | 160

77 —— Der Bahnhof Embken | Nideggen-Embken
Grillplatz statt Gleise | 162

78 — Der Bahnhof Immekeppel | Overath-Immekeppel
Eisenbahnstation für das Erz | 164

79 — Das Eisenbahnmuseum Pronsfeld | Pronsfeld
Der Stolz der Eisenbahner | 166

80 — Der Wuppertrail | Radevormwald
Mit der Draisine durch Dahlerau | 168

81 — Der Knotenpunkt Raeren | Raeren
Ein Geisterbahnhof wird zum Leben erweckt | 170

82 — Der Bahnhof Rolandseck | Remagen-Rolandseck
Kunstmuseum mit Gleisanschluss | 172

83 — Die Schlachthof-Strecke | Remscheid
Unterwegs auf der »Trasse des Werkzeugs« | 174

84 — Der Bahnhof Lennep | Remscheid-Lennep
Einst »heimlicher« Hauptbahnhof | 176

85 — Das Feldbahnmuseum | Rommerskirchen-Oekoven
Ein fahrendes Museum | 178

86 — Der Gedenkstein | Rösrath-Forsbach
Wo Otto Müller einst servierte | 180

87 — Der Bahnhof Hangelar | Sankt Augustin-Hangelar
Gleisrest gegenüber der »Glocke« | 182

88 — Die Ortsdurchfahrt Olef | Schleiden-Olef
Mit der Fahne voraus | 184

89 — Die Müngstener Brücke | Solingen
Das Rätsel der goldenen Niet | 186

90 — Der Trassen-Waggon | Solingen-Wald
Sozialarbeit am »Korkenzieher« | 188

91 — Der Hauptbahnhof Stolberg | Stolberg
Knotenpunkt in der Kupferstadt | 190

92 — Der Eulenbachviadukt | Velbert
Eine Brücke mit vielen Namen | 192

93 — Der Bahnhof Kalenborn | Vettelschoß-Kalenborn
Einsame Endstation einer Steilstrecke | 194

94 — Der Bahnhof Waldbröl | Waldbröl
Zwischen Wiehl und Wissen | 196

95 — Der Bahnhof Dalheim | Wegberg-Dalheim
Anlaufpunkt für Auswanderer | 198

96 — Das KBE-Museum | Wesseling
Ein Schatz auf Schienen | 200

97 — Die Wiehltalbahn | Wiehl
Ein »Treppenwitz« triumphiert | 202

98   Der Film-Club 86 | Wipperfürth
Ein »Brummer« als Bildungsstätte | 204

99   Die Barmer Bergbahn | Wuppertal-Barmen
Eine Tram zum Toelleturm | 206

100   Der Cronenberger Samba | Wuppertal-Elberfeld
Als die Schienenbusse noch schaukelten | 208

101   Das Bergische Straßenbahnmuseum | Wuppertal-Kohlfurth
Schienen zu den Schleifkotten | 210

102   Das Bahnbetriebswerk Langerfeld | Wuppertal-Langerfeld
Das Tor zur Vergangenheit | 212

103   Das Mahnmal | Wuppertal-Langerfeld
Im Räderwerk der Reichsbahn | 214

104   Der Bahnhof Loh | Wuppertal-Loh
Mit der Draisine ins Dickicht | 216

105   Der Bahnhof Oberbarmen | Wuppertal-Oberbarmen
Wo einst die Ritter hausten | 218

106   Die Ronsdorf-Müngstener Eisenbahn | Wuppertal-Ronsdorf
Als »Kückelhahn-Toni« ins Rutschen kam | 220

107   Der Sonnborner Viadukt | Wuppertal-Sonnborn
Wo sich Eisen- und Schwebebahn treffen | 222

108   Der Schwebebahnpark | Wuppertal-Vohwinkel
Grüne Oase mit Lerneffekt | 224

109   Der Bahnhof Wichlinghausen | Wuppertal-Wichlinghausen
Ein Halt für alle Himmelsrichtungen | 226

110   Der Bahnhof Euchen | Würselen-Euchen
Ein Bahnrest am Barfußpfad | 228

111   Der Haltepunkt Nemmenich | Zülpich-Nemmenich
Hollywood am Haltepünktchen | 230

1 Das Hansemann-Denkmal

Gewinner des Eisenbahnduells

»Dem verdienten Bürger der Stadt Aachen«, steht auf einer der vier Schrifttafeln des David-Hansemann-Denkmals. Verdient hat sich Hansemann diese Ehre allemal, denn ohne sein Engagement wäre die Kaiserstadt einst mit einer Stichbahn abgespeist worden.

Dabei existierte das Verkehrsmittel noch nicht einmal, als Hansemann am 12. Juli 1790 in Finkenwerder geboren wurde. Der Kaufmann baute sich als Wollhändler schnell ein beträchtliches Vermögen auf. Reich geworden, vergaß er die Armen nicht und unterstützte Schulen, Waisenhäuser und Kindergärten. Als tatkräftiger Mann prädestiniert für die Politik, gewann Hansemann als Mitglied der Handelskammer und des Stadtrats in Aachen rasch an Einfluss. Ebenso wie sein Kölner Kollege Ludolf Camphausen erkannte er schon früh die Bedeutung der Eisenbahn für die wirtschaftliche Entwicklung der Rheinprovinz.

Der Bau einer Schienenverbindung von Köln nach Antwerpen als »Eiserner Rhein« war im Dezember 1833 bereits beschlossen, als ausgerechnet Mitinitiator Hansemann querschoss. Er war wütend, dass die Trasse an Aachen und Düren vorbei gebaut werden sollte, weil Camphausen diese Streckenführung wegen der Geländeschwierigkeiten als zu teuer betrachtete. Es kam zum Eisenbahnduell zwischen Camphausen und Hansemann, bei dem der Kölner den Kürzeren zog. Der erste Zug erreichte Aachen am 6. September 1841, und die Strecke wurde ein großer Erfolg. Erfolgreich blieb der zum Vizepräsidenten der Rheinischen Eisenbahngesellschaft aufgestiegene Hansemann auch als Schienenlobbyist: Sein weiteres Lieblingsprojekt, eine Strecke von Köln nach Minden, entpuppte sich ebenfalls als Meilenstein für das damalige Eisenbahnentwicklungsland Preußen. Der Mann, der nach dem Credo »Bei Geldfragen hört die Gemütlichkeit auf« lebte, starb 1864 während einer Kur. Das Denkmal am Hansemannplatz erinnert seit 1888 an den Aachener Eisenbahnvisionär.

Adresse Hansemannplatz, 52062 Aachen | **ÖPNV** Bus 1, 2, 3A, 3B, 5, 11E, 11V, 12, 13A, 13B, 15, Haltestelle Hansemannplatz (Fußweg 70 Meter) | **Tipp** Amerikanische Pop-Art, Kunst der 1980er und 1990er Jahre sowie aktuelle Entwicklungen haben in Aachen eine künstlerische Heimat im Ludwig Forum gefunden. Die zeitgenössischen Werke werden auf 6.000 Quadratmetern Ausstellungsfläche und in einem 5.000 Quadratmeter großen Garten präsentiert.

2 Die Bahnhofsvision

Ein Salat »Streckenwärter« als Stärkung

»Wer Visionen hat, sollte zum Arzt gehen«, lästerte Ex-Bundeskanzler Helmut Schmidt einst über seinen SPD-Rivalen Willy Brandt. Gut, dass Petra Schillings diesen Rat nicht befolgte. Vielmehr hat die Gastronomin auf einem idyllisch gelegenen Areal der ehemaligen Vennbahn ihre ganz persönliche Vision eines alten Bahnhofs verwirklicht. »Bahnhofsvision« nennt sich die Gaststätte im ehemaligen Bahnhof Kornelimünster. »Als wir 1998 das Gebäude erwarben, war es eine Ruine«, erinnert sich Petra Schillings. Die neuen Inhaber verwandelten die Ruine in einen Rastplatz, der am Vennbahnradweg zu den Schmuckstücken zählt. Wie kaum ein anderer ehemaliger Haltepunkt an der 1885 eröffneten Strecke bietet diese Vision mit historischen Fotos, Fahrplänen und Formsignalen viel Bahnhofsnostalgie.

Ein zweites Leben als Gaststätte ist für den Bahnhof folgerichtig. Als der erste Zug am 30. Juni 1885 auf dem Teilstück zwischen Aachen und Monschau mit Böllerschüssen gefeiert wurde, sollte der Halt, wegen der idyllischen Lage hoch über Kornelimünster, vornehmlich als Ausflugsziel dienen; zudem existierte ein Anschlussgleis für die benachbarten Kalkwerke. Um die Pilger der »Heiligtumsfahrten« mit geistigen Getränken zu versorgen, siedelte sich am Bahnhof eine große Brauerei an. Der gastronomische Teil wurde später um einen laubenartigen Kaffeegarten erweitert. Die 1906 nicht weit vom Bahnhof eröffnete Strecke der Aachener Kleinbahngesellschaft sorgte für zusätzliche Gäste.

Nach dem Zweiten Weltkrieg verlor die Vennbahn spürbar an Fahrt. In Kornelimünster hielt 1960 der letzte Personenzug, 20 Jahre später hatte auch der Güterverkehr »fertig«. Auf der Trasse entstand bereits 1985 ein Teilstück des heutigen Vennbahnradwegs. Statt stählerner Rösser halten jetzt Drahteselbesitzer am Bahnhof, um sich in der ehemaligen Wartehalle mit einem Salat »Streckenwärter« zu stärken.

Adresse Am Bahnhof 2, 52076 Aachen | **ÖPNV** Bus 55, 65, Haltestelle Schulberg (Fußweg 65 Meter) | **Öffnungszeiten** Mo−Fr 16−23 Uhr, Sa 12−23 Uhr, So 10−22 Uhr | **Tipp** In der ehemaligen Reichsabtei Kornelimünster präsentiert das Kunsthaus Nordrhein-Westfalen Ausstellungen junger Künstler aus dem Bundesland, Belgien und den Niederlanden. Der Rundgang durch die Sammlungsräume informiert über die Entwicklung der bildenden Kunst in Nordrhein-Westfalen vom Kriegsende bis zur Gegenwart.

3 Der Falkenbachviadukt

Trumpfkarte für künftigen Tourismus

Sie fließt von Raeren bis zur Rur und ist 54 Kilometer lang. Nach der Inde sind ein Naturschutzgebiet und eine Eisenbahnstrecke benannt. Nur in Kornelimünster wird der Fluss Falkenbach genannt. Deshalb wird die imposante Brücke, über die einst regelmäßig die Züge der Vennbahn von Stolberg über das Indetal nach Walheim fuhren, auch Falkenbachviadukt genannt. Die imposante Talüberquerung hat eine wechselvolle Geschichte und könnte für den Tourismus künftig eine wichtige Rolle spielen.

Als die Vennbahn Ende des 19. Jahrhunderts nicht nur von Rothe Erde nach Sankt Vith führen, sondern auch an die bereits bestehende Stolberger Talbahn angeschlossen werden sollte, musste für diesen Abschnitt das Indetal überbrückt werden. Die mit 145 Metern längste Talbrücke der Vennbahn mit acht Rundbögen war 1888 fertig, und ein Jahr später konnte der gesamte Abschnitt eröffnet werden. Die ursprünglich eingleisige Vennbahn ächzte bald vor Überlastung, sodass es immer wieder zu Unfällen und Verspätungen kam. Die Königliche Eisenbahndirektion beschloss auch für den Abschnitt von Stolberg nach Walheim den zweigleisigen Ausbau. Die Falkenbachbrücke wurde deshalb bis 1908 um einen zweiten, parallel verlaufenden Viadukt ergänzt.

Der zweigleisige Betrieb endete am 11. September 1944, als die Wehrmacht zwei Bögen sprengte. Die daraufhin von der US-Armee mit einem Stahlkonstrukt notdürftig geflickte Brücke sollte 1959 wieder zweigleisig restauriert werden, was der Bundesbahn jedoch zu teuer war. Die Behörde entschied sich für die Billig-Variante, um für umgerechnet 30.000 Euro die Stahlstützen nur zu verstärken. So blieb der Viadukt ein Dauerpatient, dessen Zustand sich zusehends verschlechterte. Schließlich wurde die Brücke 2002 für den Betrieb gesperrt. Die Eisenbahnfreunde Grenzland wollen die Bogenbrücke im Rahmen eines Touristenverkehrs zwischen Breinig und Walheim aber spätestens 2019 reaktivieren.

Adresse Venwegener Straße 60–68, 52076 Aachen | **ÖPNV** Bus SB 35, 66, 135, Haltestelle Kornelimünster, Venwegener Straße (Fußweg 800 Meter) | **Anfahrt** A 4, Ausfahrt Aachen-Brand, Richtung Aachen-Brand / Aachen-Zentrum / Stolberg / B 258, dann Trierer Straße, Napoleonsberg bis Venwegener Straße nehmen | **Tipp** Der Mönchs-felsen besteht aus einem 30 Meter hohen Felsen aus Muschelkalk, 100 Meter weiter liegt ein alter Steinbruch.

4 Die Eisenbahnfreunde Grenzland

Täglich werkeln für die Wiederkehr

Wir schreiben das Jahr 2008. Die Vennbahn ist Geschichte und größtenteils in einen Radweg umgewandelt. Auf dem verbliebenen Abschnitt zwischen Breinig und Raeren findet schon längst kein öffentlicher Personenverkehr mehr statt. Alle Bahnhöfe sind inzwischen abgerissen, in Privatbesitz oder Gaststätten. Alle Bahnhöfe? Nein, an der ehemaligen Station Walheim haben sich die Eisenbahnfreunde Grenzland angesiedelt, und von toten Gleisen kann keine Rede sein.

Auf den Schienen stehen zahlreiche historische Fahrzeuge wie ein VT-Schienenbus, eine V60 oder eine Henschel-Diesellok. Fast täglich werkeln die Eisenbahnfreunde, um Fahrzeuge und Waggons wieder fahrbereit zu machen. »2019 soll ein regelmäßiger Touristenverkehr starten«, kündigt der Vorsitzende Frank Leuchter an. Der Außendienstmitarbeiter zählt zu den Gründungsmitgliedern der Eisenbahnfreunde, die aus einem Verein hervorgingen, der das einstige Betriebswerk Aachen-West zu einem Museum umgestalten wollte. Der Plan misslang, für die ehemalige Vennbahn sind die Aussichten vielversprechender.

Der Bahnhof Walheim mit Gleisanlagen und funktionstüchtigem Stellwerk bietet beste Voraussetzungen. Die Eisenbahnfreunde wollen künftig mit Zügen auf dem 28 Kilometer langen Abschnitt vom Falkenbachviadukt bis zur belgischen Landesgrenze fahren. Beim jährlichen Bahnhofsfest können Besucher bereits ein Teilstück mit der Draisine erkunden.

Die große Resonanz ist eine kleine Belohnung für die emsigen Mitglieder. »Wir haben schon viel Geld und Zeit investiert«, bestätigt Leuchter, der aus Aachen stammt, aber die Vennbahn selbst nicht mehr erlebt hat. »Von unseren Mitgliedern haben einige früher bei der Vennbahn gearbeitet«, weiß Leuchter. Diese Eisenbahner werden sicher besonders feuchte Augen haben, wenn ab 2019 die Züge wieder rollen.

Adresse Auf der Kier, 52076 Aachen | **ÖPNV** Bus 11, 16, Haltestelle Albert-Einstein-Straße (Fußweg 140 Meter) | **Tipp** Wo einst Kalk in riesigen Mengen abgebaut und deponiert wurde, ist ein Freizeitgelände für große und kleine Erholungsuchende entstanden. Während sich der Nachwuchs auf Kletterburg, Kletterspinne und Seilbahn austobt, können Eltern das Spielspektakel entspannt von der Liegewiese aus beobachten.

5 __ Der Bahnhof Mariagrube
Das Ende von Emil

Es geht doch immer wieder um die Kohle – auch in Aachen in der Mitte des 19. Jahrhunderts. Damals sorgte das »schwarze Gold« im Kohlerevier an Wurm und Inde dafür, dass Schächte mit Namen wie Anna, Adolf und Maria wie die sprichwörtlichen Pilze aus dem Boden schossen. Die damals noch üblichen Pferdebahnen waren mit dem Transport bald hoffnungslos überfordert. Die Grubenbesitzer beantragten deshalb im Jahre 1855 bei der Rheinischen Eisenbahngesellschaft einen Bahnanschluss, der aber erst 13 Jahre später realisiert wurde. Der Staat Preußen erteilte die Konzession im September 1868, und die Strecke von Stolberg nach Alsdorf wurde am 29. Dezember 1870 zunächst für den Güterverkehr eröffnet, der Personenverkehr fuhr ab dem 5. Januar 1872 über die Gleise.

Als dann mit der 1875 von der Aachener Industriebahn Actiengesellschaft gebauten Trasse von Jülich nach Aachen-Nord eine zweite Kohletransportstrecke durch Alsdorf führte, musste ein neuer Kreuzungs- und Abzweigungsbahnhof her. Hauptzweck des recht stattlichen Bahnhofs Mariagrube mit zweigeschossigem Empfangsgebäude, Kohleverladung und Rangierstation war es, die Kohle der Grube Anna zu den Anschlüssen in Rothe Erde und Stolberg zu transportieren. Zusätzliches Leben kam dann 1952 in den Bahnhof, als der Eschweiler Bergwerksverein eine Stichbahn für die Bergleute zum Transport zur Siersdorfer Grube »Emil Mayrisch« fertigstellte. Mariagrube wuchs um neue Bahnsteige, Güterzuggruppengleise und eine Verbindungskurve.

Mit dem Zechensterben, der Schließung von Emil Mayrisch und der Stilllegung des Siersdorfer Kraftwerks im Jahr 1996 endete diese stolze Bahnhofsära. Der einst rege Betrieb mit drei getrennten Bahnsteiggleisen ist heute kaum noch vorstellbar. Die Gleisanlagen und das Fahrdienstleiterstellwerk hinter dem als Wohnhaus genutzten Empfangsgebäude existieren noch, verfallen aber oder verschwinden zusehends unter dem Dickicht.

Adresse Eschweilerstraße 128, 52477 Alsdorf | **ÖPNV** Bus 28, 29, Haltestelle Mariadorf Mariagrube (Fußweg 130 Meter) | **Tipp** Die Bergehalden Maria Hauptschacht und Jaspersberg überragen geradezu majestätisch die Stadt Alsdorf. Die begehbare Halde Maria bietet für Wanderfreunde seltene Insektenarten.

6__ Der Engelsley-Tunnel
Blick auf die Bergketten

Die Ahrtalbahn ist so etwas wie die Märklin-Version einer Neben-strecke. Die Fahrt von Remagen nach Ahrbrück führt vorbei an ro-mantischen Flusslandschaften, zerklüfteten Felsformationen und dichten Wäldern. Im Ort Altenahr ist das Modelleisenbahnflair dieser Eifelstrecke besonders spürbar. Der vorbildlich restaurierte Bahnhof ist eine Mischung aus Fachwerk und Naturstein mit dem obligatorischen Güterschuppen, in dem früher Pakete und Stückgut abgefertigt wurden. Die Altenahrer Eisenbahntrasse verläuft ober-halb der Ahr, und besonders zu den Winzerfesten sind die Züge brechend voll.

Charakteristisch für den Ort ist neben der Burg Are der Engels-ley. Dabei handelt es sich um einen Bergrücken, den die Ahr in einer Schleife umfließt. Durch den Engelsley führen gleich drei Tunnel-röhren: Eine ist für den Autoverkehr vorgesehen, eine für die Eisen-bahn und eine für die Radwanderer.

Begonnen hat die Geschichte des Engelsley-Tunnels im Jahre 1886, als die Staatsbahn am 1. Dezember das Teilstück zwischen Ahrweiler und Altenahr eröffnete; für den Bau der Strecke wurde ein 66 Meter langer Tunnel durch den Engelsley gelegt. Der zweite, 75 Meter lange Tunnel entstand 1912, als der Abschnitt von Rema-gen nach Dümpelfeld umtrassiert wurde. 1938 erfuhr das Tunnelum-feld eine weitere Veränderung, als die Fischbauchbrücke durch eine stabilere Steinbogenbrücke ersetzt wurde.

Nach dem Ende des Zweiten Weltkriegs blieb der zweite Tunnel funktionslos, und die alte Bahnbrücke über die B 267 wurde 1972 ge-sprengt, um die Durchfahrtshöhe für den Straßentunnel zu vergrö-ßern. Eine neue Brücke entstand dann für den Bau des 1,7 Kilometer langen Radweges zwischen Altenahr und Laach, der im Sommer 2015 in den Ahrtalradweg eingebunden wurde. Seither können Rad-fahrer in Altenahr neben der Trasse herfahren und hinter dem En-gelsley-Tunnel in Richtung Laach auf gewaltige Bergketten blicken.

Adresse Tunnelstraße, 53505 Altenahr | **ÖPNV** RB 30, Haltestelle Bahnhof Altenahr (Fußweg 370 Meter) | **Tipp** 240 Meter oberhalb von Altenahr befindet sich die Burgruine Are. Aus der mittelalterlichen Zeit sind Teile der Vorburg und eines Tores sowie Reste der Wehrmauer erhalten.

7 Der Museumsbahnhof Asbach

Im Geiste des Gründers

Wohin bloß mit der Lok? Vor dieser Frage stand Wolfgang Clöß-ner. Der begeisterte Hobby-Eisenbahner hatte 1999 für umgerechnet 50.000 Euro die Dampflok 53 der Rhein-Sieg-Eisenbahn (RSE) ge-kauft. Weil Clößner die Lok nicht im Freien abstellen wollte, schal-tete er in einer Lokalzeitung einen Aufruf. Den Ruf erhörte die Gemeinde Asbach, die ihrerseits eine Nutzung für den alten Lok-schuppen der Bröltalbahn suchte. Es war der Start einer fruchtba-ren Zusammenarbeit, die bereits ein Jahr später in der Gründung des Museumsbahnhofs mündete.

Clößner, der schon als Kind Lokomotiven fotografierte und spä-ter mehrere Eisenbahnbücher verfasste, möbelte mit Freunden eini-ge heruntergekommene Schätzchen wieder auf, verlegte zusätzliche Schienen und brachte das Bahnhofsgebäude auf Vordermann. Weite-re Fahrzeuge wie eine alte RSE-Diesellok kamen hinzu. So entstand ein Eisenbahnparadies, das durch liebevolle Gestaltung beeindruckt.

Um den Lokschuppen fährt eine Gartenbahn, die an Betriebs-tagen begeisterte Kinder befördert. Im Bahnhofsgebäude erinnern zahlreiche Fotos, Relikte und Schaltpläne an die älteste Schmal-spurbahn Deutschlands. Die Bröltalbahn startete 1860 als Pfer-debahn zwischen Hennef und Ruppichteroth. Drei Jahre später übernahmen Dampfloks den Transport von Eisenerz, Kalk und Kohle. Die Brölthaler Eisenbahn-Actien-Gesellschaft, die 1921 in Rhein-Sieg-Eisenbahn Aktiengesellschaft umbenannt wurde, bau-te das Schienennetz bis 1914 weiter aus. Am 17. Mai 1967 rollte der letzte Güterzug durchs Bröltal. »Mit dem Museum wollen wir die Erinnerung an die Bröltalbahn wachhalten«, erklärt Carsten Guss-mann, der Clößner von Anfang an unterstützte. Der Gründer selbst starb im März 2015. Jetzt koordiniert Gussmann die Arbeiten im Geiste des Gründers: »Er hat enorm viel angestoßen und bewirkt.«

Adresse Bahnhofstraße 23, 53567 Asbach | **Anfahrt** A 3, Ausfahrt Bad Honnef/Linz, Richtung Bad Honnef/Linz/Eitorf (Sieg)/Asbach, Rottbitzer Straße, L 272 bis Talstraße folgen, dann in Bahnhofstraße einbiegen | **Öffnungszeiten** April–Okt. jeden 2. So im Monat 11–17 Uhr | **Tipp** Zwergstrauchheide, Birkenmoorwald und Heidemoor sind selten geworden, aber im Naturschutzgebiet Komper Heide anzutreffen.

8 Der Silberbergtunnel

Champignonzucht im Schutzbunker

Was wäre, wenn … über diese Brücke jemals ein Zug gefahren wäre? Wie das ausgesehen haben könnte, illustriert nur ein Gemälde, das als Schaubild am Silberbergtunnel zu sehen ist. Denn die geplante Bahnlinie von Liblar bis Rech, die in die Ahrtalbahn einmünden sollte, wurde nie fertiggestellt und ist als »Unvollendete« in die Geschichte eingegangen.

Zu den Bauwerken der Linie gehört neben gewaltigen Brückenpfeilern auch der 660 Meter lange Silberbergtunnel. Initiiert vom Heimatverein Alt-Ahrweiler, wurde am Ostportal des Tunnels im Mai 2004 ein Freilichtmuseum eröffnet, das die Geschichte dieser Phantomtrasse dokumentiert. Die Unvollendete war Anfang des 20. Jahrhunderts als Teilstück des »Strategischen Bahndamms« vorgesehen, der vom Niederrhein bis nach Lothringen führen sollte. Erdacht hatte diesen Plan der kaiserliche Generalstabschef Alfred Graf von Schlieffen mit dem Ziel, die deutschen Truppen per Bahn schnell nach Frankreich vorrücken lassen zu können. Um den Höhenunterschied zwischen alter und neuer Bahnlinie zu überbrücken, rammte die Staatsbahn für einen geplanten Viadukt fünf bis zu 40 Meter hohe Betonpfeiler in die Weinberge. Als das gewaltige Projekt fast fertiggestellt war, stoppte am 2. März 1923 die französische Militärverwaltung den Weiterbau.

Der danach längere Zeit leer stehende Tunnel wurde ab 1936 genutzt, um Champignons zu züchten, ehe von 1944 bis 1945 die Einwohner hier vor den Bombenangriffen Schutz suchten. Es entstand für rund 2.400 Menschen eine ganze Stadt mit Buden, einer Arztpraxis und einer Kapelle. An diese letzten Kriegsjahre erinnern am Tunnelportal ebenfalls mehrere Infotafeln. Die Aussichtsplattform ermöglicht zudem einen wunderbaren Blick über das Adenbachtal und auf die Brückenpfeiler. Apropos Pfeiler: Die Brücke, über die einst die Züge gen Frankreich donnern sollten, dient seit 2005 den Freeclimbern als Kletterwand.

Adresse Rotweinwanderweg, 53474 Bad Neuenahr-Ahrweiler | **ÖPNV** RB 30, 39, Haltestelle Bahnhof Ahrweiler, dann über die Eisenbahnbrücke Richtung Adenbach dem Rotweinwanderweg folgen (Fußweg 500 Meter) | **Tipp** Die »Dokumentationsstätte Regierungsbunker« informiert mit umfangreichen Dokumentationen und Originalgegenständen über die Ära des Kalten Krieges zwischen Ost und West.

9__ Der Driescher Kreisel

Der Kirmes-Kreisel

14 Schranken, 23 Ampeln und acht akustische Signale – damit dürfte der »Driescher Kreisel« im Herzen Bergisch Gladbachs der größte Bahnübergang Deutschlands sein. Und damit zugleich einer der zeitraubendsten. Wenn am Kreisverkehr namens Driescher Kreuz die Schranken fallen, dann werden Fußgänger sowie Rad-und Autofahrer mitunter auf eine harte Geduldsprobe gestellt. Ganze zehn Minuten kann es dauern, bis ein Zug den Kreisel passiert und sich die Schranken wieder heben.

Nötig ist der ganze Aufwand, weil die alteingesessene Papierfabrik Zanders für ihr Kraftwerk per Eisenbahn mit Kohle beliefert wird. Der Brennstoff stammt aus Polen und wird von Aggertal- und Vulkaneifelbahn über den Güterbahnhof Köln-Kalk und die S-Bahn-Strecke von Köln-Mülheim nach Bergisch Gladbach befördert. Zudem gibt es im »Eisenbahnkreuzungsgesetz« strikte Vorschriften, wie ein Bahnübergang zu sichern ist. Und in diesem Fall reicht eben ein einfacher Zebrastreifen nicht aus, weil die Fußgänger dadurch Vorrecht vor der Bahn hätten, die aber nicht wie ein Auto einfach abrupt stoppen kann.

Schon bevor der Schrankenwald Ende 2008 überhaupt in Betrieb ging, machte in der Kreisstadt bereits der Spottname »Kirmes-Kreisel« die Runde. Der damalige Bürgermeister Klaus Orth bezeichnete die rund 330.000 Euro teure Anlage ironisch gar als »Touristenattraktion«. Den Eisenbahnfans unter den Touristen wird in der Tat ein seltenes Spektakel geboten, wenn die Kohlenwagen, gezogen von einer BR212-Lok, langsam über den Kreisel auf das Zanders-Werksgelände oder zurück in Richtung Köln schleichen. Spott hin, Ironie her, auch wenn der zuletzt immer seltener von Kohlezügen befahrene Bahnübergang für andere Verkehrsteilnehmer ärgerlich ist, so hat er sich doch bewährt. Seinen üblen Ruf als »Unfallschwerpunkt« ist der einst ungesicherte Kreisverkehr dadurch längst losgeworden.

Adresse Stationsstraße, 51465 Bergisch Gladbach | **ÖPNV** S-Bahn 11, Haltestelle Bahnhof Bergisch Gladbach (Fußweg 100 Meter) | **Tipp** Einen Joseph Beuys können sich Kunstinteressierte in der Artothek des Kunstmuseums Villa Zanders ausleihen, die neben der Sammlung »Papier als künstlerisches Medium« auch immer wieder interessante Sonderausstellungen präsentiert.

10__ Das Stellwerk Gf

Allein im »Altertümchen«

Mittlerweile sind die Plätze zwei, vier, sechs und sieben leer. Es gibt nicht mehr so viele Weichen am 1868 erbauten Bahnhof Bergisch Gladbach, weshalb mancher Weichenhebel im Stellwerk nicht mehr benötigt wird. Und auch das alte Stellwerk wird irgendwann nicht mehr gebraucht, denn die Deutsche Bahn AG plant auch für diesen Bahnhof eine digitale Fernsteuerung.

Seit 1911 existiert das alte Stellwerk an der Tannenbergstraße, das einst im Zuge des Ausbaus der Strecke Köln-Mülheim–Bergisch Gladbach über Bensberg ins Sülztal entstand. Drei Stellwerke waren damals nötig, um den regen Zugverkehr am Gleisdreieck zu bewältigen. Davon ist, nach dem Gleisrückbau, nur noch das »Stellwerk Gf« übrig geblieben, das wie zu Kaisers Zeiten per Hand bedient wird. Der Fahrleiter stellt die Signale und Weichen über Drahtseile und Umlenkrollen, während sich die Schrankenbäume immerhin per Knopfdruck senken. Bei jeder Weichenstellung bewegt der Bahnbeamte allein mit Muskelkraft ein Gewicht von zwei Tonnen. Wenn sich die Schranken schließen, muss er sich mit eigenen Augen versichern, ob nicht versehentlich ein Auto eingeschlossen wurde. Für den meisten Betrieb sorgt, neben dem Güterverkehr zum Zanders-Werk, der S-Bahn-Verkehr mit sechs Zugbewegungen pro Stunde.

Trotz dieser ebenso archaischen wie faszinierenden Technik, die in Deutschland sehr selten geworden ist, war das Stellwerk in den letzten Jahren gleich mehrfach bedroht. Zunächst war geplant, an der Tannenbergstraße die Schranken durch einen Kreisverkehr zu ersetzen, was seit 2017 vom Tisch ist. Geplant ist aber nach wie vor, die S-Bahn-Strecke zweigleisig auszubauen. Was dann aus dem Stellwerk wird, das theoretisch im Weg steht, ist noch völlig ungewiss. Auf das ungewisse Schicksal reagierte bereits vor Jahren der Bergische Geschichtsverein, der das »Altertümchen« im Juni 2006 zum »Denkmal des Monats« erklärte.

Adresse Tannenbergstraße, 51465 Bergisch Gladbach | **ÖPNV** S-Bahn 11, Haltestelle Bahnhof Bergisch Gladbach (Fußweg 500 Meter) | **Tipp** Wer einmal zurück in die eigene Kindheit oder die früherer Generationen reisen möchte, findet im Kindergartenmuseum viele alte Spiele und Kinderbücher.

11 Das Budde-Denkmal

Ein Held der Eisenbahn

Eine lange Amtszeit als preußischer Eisenbahnminister war ihm nicht vergönnt. Nur vier Jahre, nämlich von 1902 bis 1906, leitete Hermann Friedrich Hans von Budde als Minister für öffentliche Arbeiten die Reichseisenbahnverwaltung. In dieser kurzen Ära hinterließ der gebürtige Bensberger aber nachhaltige Spuren.

Budde baute für Preußen die Schnellzugverbindungen aus und optimierte die expandierende Staatseisenbahn, indem er wichtige private Eisenbahnunternehmen aufkaufte. Die Menschen im oberbergischen Lindlar durften dank ihm ebenfalls jubeln. Es war Budde, der im Juli 1906 nach zahllosen vergeblichen Anträgen und Denkschriften endlich den lang ersehnten Weiterbau der Sülztalbahn von Immekeppel bis zur Endstation Lindlar genehmigte.

Der am 15. November 1851 als Sohn eines Lehrers in Bensberg geborene Budde wurde zunächst auf Schloss Bensberg zum Kadetten ausgebildet. Im Deutsch-Französischen Krieg beendete dann ein Schuss in die Brust seine Frontlaufbahn. Beim Großen Generalstab widmete Budde sich anschließend am Schreibtisch, nur mit Feder und Papier bewaffnet, der Militäreisenbahn und verfasste das viel gerühmte Werk »Die französischen Eisenbahnen im deutschen Kriegsbetriebe 1870–71«.

Als Generalmajor verabschiedete sich der »treue Diener seiner Majestät« im Jahre 1900 vom Militär und arbeitete anschließend als Generaldirektor bei den Berliner »Deutschen Waffen- und Munitionsfabriken«. Als Nachfolger von Eisenbahnminister Karl von Thielen verbesserte Budde die soziale Sicherung der Eisenbahnarbeiter, die ihm aus Dankbarkeit im Jahre 1910 auf dem Bensberger Friedhof ein Denkmal mit imposanter Büste errichteten. Schon vier Jahre zuvor war der 1904 in den Adelsstand erhobene Eisenbahnexperte nach schwerer Krankheit verstorben. Kaiser Wilhelm II. bezeichnete Budde in seinem Beileidsschreiben an die trauernde Witwe als »Helden«.

Adresse Friedhofsweg, 51429 Bergisch Gladbach | **ÖPNV** Bus 457, Haltestelle Deutscher Platz (Fußweg 200 Meter) | **Öffnungszeiten** Frühling–Herbst: Mo–Sa 7.30–21 Uhr, Winter: Mo–Sa 8.30–18.30 Uhr, So und feiertags 9–18.30 Uhr | **Tipp** Das Bergische Museum für Bergbau, Handwerk und Gewerbe macht den früheren Erzbergbau in Bensberg durch einen Besucherstollen mit Rungenwagen erlebbar.

12 Der Bahnhof Gronau

Fassbier für die letzte Fahrt

Am Ende waren alle Bemühungen vergebens: Obwohl sich die meisten Bürger Bergisch Gladbachs vehement dagegen aussprachen und sich der damalige Bürgermeister Bernhard Schröter sogar persönlich beim Berliner Eisenbahnministerium beschwerte, war der Bau des Bahnhofs Gronau im Mai 1906 beschlossen.

Dabei besaß die Kreisstadt bereits einen Bahnhof, der seit 1868 die Endstation der Linie von Mülheim am Rhein nach Bergisch Gladbach war. Zwei Jahre später verlängerte die Bergisch-Märkische Eisenbahngesellschaft die Strecke und baute sie aus bis nach Bensberg. Jetzt war der Kopfbahnhof ein Klotz am Bein des Eisenbahnverkehrs, denn die Loks mussten für die Weiterfahrt stets zeitraubend umgesetzt werden. Durch eine Verbindungskurve am Gleisdreieck vor dem alten Bahnhof ermöglichte der neue Bahnhof eine flottere Fahrt nach Bensberg. Der im Januar 1912 eröffnete Bahnhof Gronau erinnerte an eine Landhausvilla, und der Bahnsteig befand sich um einiges höher als das Empfangsgebäude.

Gronau war jetzt Bergisch Gladbachs offizieller »Personenbahnhof«. Und er wäre es wahrscheinlich geblieben, wenn die Pläne für den Weiterbau der Linie nach Wipperfürth realisiert worden wären. Der Erste Weltkrieg beendete die Pläne, und dem Bahnhof Gronau ging Mitte der 1960er Jahre der Dampf aus. Die Bundesbahn reaktivierte den alten Bahnhof für den Personenverkehr, während zwischen Bensberg und Gronau am 25. September 1965 der letzte Personenzug rollte. Die Bundesbahnbeamten begossen das Ende mit einem Fässchen Bier, das der damalige Bahnhofsinhaber zum Abschied spendierte.

Das Stellwerk und die Bahnsteigüberdachung sind mittlerweile verschwunden, und von den einstigen Gleisen führt nur noch eines in das Gewerbegebiet Zinkhütte. Im Empfangsgebäude werden keine Fahrkarten mehr verkauft, sondern Studenten einer Wirtschaftsschule auf das Berufsleben vorbereitet.

Adresse Hauptstraße 2, 51465 Bergisch Gladbach | **ÖPNV** Bus 436, Haltestelle Richard-Zanders-Straße (Fußweg 300 Meter) | **Tipp** Die Gronauer Gartensiedlung trägt ihren Namen zu Recht, denn die Anfang des 20. Jahrhunderts entstandene Wohnsiedlung für Arbeiter und Angestellte der Papierfabrik Zanders besitzt einen hohen Grünanteil.

13 __ Der Bahnhof Ahrdorf

Ein Probenraum für BAP

Im August 1982 wird die Musikwelt der Bundesrepublik Deutschland völlig auf den Kopf gestellt. Auf Platz eins der Verkaufscharts landet das Album einer deutschen Band, die ihren Mainstreamrock mit kölscher Lyrik kredenzt; bis dato war Dialektrock fast immer nur regional erfolgreich. »Für ussgeschnigge« heißt das Nummer-eins-Album, und die Band heißt BAP. Dem anschließenden Erfolgsdruck hält die Band locker stand und schiebt mit »Vun drinne noh drusse« gleich den nächsten Bestseller nach.

Vielleicht wehte ja bei der Entstehung der Geist der Eisenbahner über den Köpfen der Kölschrocker, denn Anfang der 1980er Jahre zog sich die Band öfter in die beschauliche Eifel-Idylle zurück, um in der ehemaligen Güterhalle des Bahnhofs Ahrdorf zu proben. Dass aus dem Bahnhof Ahrdorf einmal Rockmusikklänge dröhnen würden, lag sicher nicht in der Absicht des Erbauers. Das war die Preußische Staatsbahn, die das Empfangsgebäude 1912 mit der Eröffnung der Strecke Adenau–Jünkerath einweihte. Ein Jahr später fuhren auch die Züge der Verbindung Ahrdorf–Blankenheim hier ab. Der Bahnhof verfügte über zwei Inselbahnsteige und zudem über einen Anschluss zu den Hoffelder Basaltbrüchen. Beide Bahnlinien baute die Staatsbahn in erster Linie für Militärtransporte, seine Blütezeit erlebte der Bahnhof dann folgerichtig während des Ersten und Zweiten Weltkriegs, als dort sechs parallele Gleise, drei Hauptsignale und 16 Weichen existierten.

Das ist längst Eisenbahngeschichte, denn der Exitus der Strecke von Ahrdorf nach Blankenheim erfolgte 1961, der von Dümpelfeld nach Lissendorf 1973. Seitdem dient der Bahnhof, der als Gebäude trotz fehlender Schienen immer noch viel von der einstigen Eisenbahnatmosphäre verströmt, als Seminarhaus. BAP probt hier schon längst nicht mehr, aber der Geist der Band weht immer noch über Ahrdorf: Seit einigen Jahren finden hier die jährlichen Fantreffen der Kölschrocker statt.

Adresse Bahnhof Ahrdorf, 53945 Blankenheim | **Anfahrt** A 1 bis L 115, dann K 40, B 258, Hüttenstraße und Bundesstraße / B 258 bis Bahnhof Ahrdorf folgen | **Tipp** Die Ahrquelle entspringt mitten in Blankenheim, und zwar unter einem alten Fachwerkhaus aus dem Jahre 1726. Der Ahr-Ursprung fließt dann weiter durch einen gemauerten Kanal.

14 Die Modellbahnanlage Bonn

Wie zu Kaisers Zeiten

Er gilt als Schandfleck der Stadt. Gemeint ist der Bonner Bahnhofsvorplatz, besser bekannt als »Bonner Loch«. Die gepflasterte Freifläche mit Treppenaufgängen ist schon seit Langem als Treffpunkt für Obdachlose sowie Drogen- und Alkoholabhängige umstritten. Damit die Menschen beim Anblick nicht weiterhin in ein »seelisches Loch« fallen, soll der Trinker-Treffpunkt bei der geplanten Umgestaltung verschwinden. Bleiben wird das »Loch« aber auf jeden Fall in der Anlage »Bonner ÖPNV im Modell«, die seit März 2009 im Haus der Stadtwerke zu besichtigen ist.

Die Mitglieder des Historischen Vereins der Stadtwerke Bonn (HVSWB) haben in vielen Arbeitsstunden eine detailreiche Abbildung der Verkehrssituation vor dem Bonner Hauptbahnhof geschaffen. Neben dem Bonner Loch zeigt das drei Meter breite und zwei Meter lange Schaubild im Maßstab 1:87 weitere prägnante Orte Bonns wie den Zentralen Omnibusbahnhof, die Leitstelle der Bonner Stadtwerke oder das Bonner Münster. Auf den Schienen und Straßen stehen historische Fahrzeuge wie die Zwei-Achser-Straßenbahn von 1902 oder der Trolleybus Uerdingen von 1960. Und vor dem Hauptbahnhof hält der, schon zu Kaisers Zeiten komplett aus Holz gebaute, »Triebwagen 13«. Die Mitglieder schufen dieses pulsierende Stadtleben in sechs Monaten praktisch aus dem Nichts und mussten die meisten Gebäude eigenhändig zusammenbauen. Durch Spenden und Leihgaben konnte die Anlage dann vollendet werden. Im Oktober 2008 kaufte der HVSWB-Vorsitzende Thomas Nehiba das eindrucksvolle Modell auf, um es dem Verein zur Verfügung zu stellen.

Das Bonner Modell ist eine von vielen Aktivitäten der Stadtwerker, die es sich zur Aufgabe machten, die Geschichte des Bonner Personennahverkehrs aufzuarbeiten und zu dokumentieren. Das ist dem Verein seit 2006 mit vielen Veranstaltungen eindrucksvoll gelungen.

Adresse Theaterstraße 24, 53111 Bonn | **ÖPNV** Straßenbahn 61, 65, Haltestelle Wilhelmsplatz (Fußweg 250 Meter) | **Öffnungszeiten** Mo–Do 8–16 Uhr, Fr 8–13 Uhr | **Tipp** Klassikfans kommen beim Besuch des Beethovenhauses auf ihre Kosten, wo die Manuskripte und das letzte Klavier Ludwig van Beethovens zu sehen sind.

15__ Der Bahnhof Bonn-Beuel

Das Refugium der RSE

Der Zirkus Roncalli besitzt rund 80 historische Zirkuswagen mit einer Gesamtlänge von rund 700 Metern, die regelmäßig für Tourneen durch die Lande bewegt werden müssen. Ein Transport von dieser Größenordnung ist über die Straße kaum möglich. Roncalli ist deshalb deutschlandweit der letzte Zirkus, der sein Equipment per Bahn befördert. Doch das ist leichter gedacht als getan, denn die Deutsche Bahn verfügt kaum noch über geeignete Laderampen. Zu den wenigen Stationen mit dieser Möglichkeit zählt der Bahnhof Bonn-Beuel. Auf dem 1871 eröffneten Bahnhof an der rechten Rheinstrecke kann die Laderampe sogar noch per Zug angefahren werden, was der Zirkus Roncalli regelmäßig für seine Bonner Gastspiele nutzt.

Der Bahnhof Bonn-Beuel ist ein Mehrzweckort der ganz besonderen Art. Das ist in erster Linie der hier ansässigen Rhein-Sieg-Eisenbahn (RSE) zu verdanken. Das im Jahre 1994 gegründete Eisenbahnverkehrs- und Eisenbahn-Infrastrukturunternehmen führt nicht nur Personen- und Gütertransporte durch, sondern kümmert sich auch um Strecken, die von der Staatsbahn nicht mehr befahren werden. Davon haben in den letzten Jahren unter anderem die zeitweise von der Demontage bedrohten Nebenbahnen Wiehl-, Olef- und Wissertalbahn profitiert. Auf diesen Strecken unterstützt die RSE mit ihren MAN-Schienenbussen die regelmäßigen Touristikfahrten. Sogar in den Niederlanden, in Niedersachsen und Oberbayern ist die RSE mit Loks, Lokführern und Güterwagen präsent.

Eine beliebte Tradition sind zudem die Sonderfahrten zum Beueler Riesenrummel »Pützchens Markt«. Hier starten die Schienenbusse auf der benachbarten Strecke Beuel–Großenbusch, die nur ein paar Meter vom Güterbahnhof entfernt liegt. Eine ausrangierte Rangierlok, der alte Wasserturm und die RSE-Lok-Werkstatt an der Staatsbahnstrecke sorgen für ein harmonisches Nebeneinander von Tradition und Moderne.

Adresse Königswinterer Straße 52, 53227 Bonn | **ÖPNV** RE 8, RB 27, Haltestelle Bahnhof Bonn-Beuel (Fußweg 400 Meter) | **Tipp** Wer wissen will, wie sich das Leben in Beuel seit der Frühzeit entwickelt hat, kann dies im Heimatmuseum nacherleben, das in Beuels ältestem Fachwerkhaus von 1726 beheimatet ist.

16 Der Kleinbahn-Bahnhof

Mit dem Kirmes-Express zum Pützchens Markt

Einmal im Jahr erwacht der denkmalgeschützte Güterschuppen im Bahnhof Bonn-Beuel zum Leben. Dann fährt dort ein MAN-Schienenbus die Wartenden zur Riesenkirmes »Pützchens Markt«. Die Schienenbusse verkehren nicht etwa auf der Regionalstrecke Mönchengladbach–Koblenz, sondern auf der benachbarten Kleinbahntrasse Beuel–Großenbusch. Einer privaten Initiative ist es zu verdanken, dass die Strecke heute noch genutzt wird und nicht einem Radweg weichen musste.

Genutzt wurde die von der Frankfurter »Industriebahn AG« gebaute und am 21. Dezember 1900 eröffnete, rund sechs Kilometer lange Strecke mit Abzweig nach Limperich, um »mittels Dampfkraft« Güter zu befördern. Zur Anlage gehörten unter anderem Wasserturm, Lokschuppen und Werkstatt. Viele Betriebe nutzten fortan die Anschlüsse der »Frankfurter Bahn« für die Übergabe zum Staatsbahnhof. Zu den ersten Kunden zählten eine Dachpappenfabrik, ein Steinbruch und die Bonner »Verblendstein- und Thonwaarenfabrik«. In den 1930er Jahren transportierten die Kleinloks zudem Treibstoff zum Luftwaffenstützpunkt Hangelar. Einen ersten Einschnitt gab es am 1. Oktober 1962 mit dem Ende des Übergangsbetriebs zur Bröltalbahn am Bahnhof Hangelar, der Abschnitt Hangelar–Großenbusch wurde drei Jahre später stillgelegt. Das geplante Komplett-Aus verhinderten dann zahlreiche Eisenbahnfreunde, die sich am 29. November 1989 zur »Initiative Kleinbahn Beuel–Großenbusch« zusammenschlossen; im selben Jahr startete der erste Kirmes-Express.

Das Ende drohte erneut, als die Stadt Bonn 1994 beschloss, die Strecke zu kaufen und die Gleise für einen Radweg abzureißen. Die Umsetzung verhinderte die umgehend gegründete Rhein-Sieg-Eisenbahn (RSE), die seit 1995 offizieller Pächter der Strecke ist. Das Engagement der Ehrenamtler wurde am 29. Oktober 1989 besonders belohnt und die RSE mit dem Umweltschutzpreis der Stadt Bonn bedacht.

Adresse Königswinterer Straße 52, 53227 Bonn | **ÖPNV** RE 8, RB 27, Haltestelle Bahnhof Bonn-Beuel (Fußweg 400 Meter) | **Tipp** Zu den frühesten Bauwerken im Bonner Stadtgebiet gehört die Burg Limperich aus dem 11. Jahrhundert, heute nur noch die Ruine einer Wehranlage.

17__Der Rheinuferbahnhof

Gleisbogen in der Grünanlage

Das nördliche Beueler Rheinufer ist mit seinen Grünanlagen und Sandstränden ein beliebtes Naherholungsziel. Bei sommerlichen Temperaturen sind hier viele Bewohner Bonns unterwegs, um zu joggen, Fahrrad zu fahren oder dem Hund mal die vollen Schnüffelfreuden zu gönnen. Der Nachwuchs balanciert gern auf dem Gleisbogen zwischen Promenade und Rheinaustraße, der bei der Demontage scheinbar vergessen wurde.

Doch der Gleisbogen blieb bewusst erhalten, um an die Zufahrt zum einstigen Rheinuferbahnhof der Bröltalbahn zu erinnern. Wo heute das Grün überwiegt, dominierten bis 1967 diverse Schienenstränge das damalige Bild des Rheinufers. Die Schienen verliefen unmittelbar am Rhein, nur dort durch eine Kaimauer abgegrenzt, wo die Ladekräne die mit der Bahn aus den Westerwälder Brüchen herbeigeschafften Basaltsteine auf die Schiffe umluden. Am Bahnhof Beuel-Rheinufer konnten bis 1951 sogar noch Personen ein- und aussteigen, um mit der ersten deutschen Schmalspurbahn des öffentlichen Verkehrs Richtung Westerwald und zurück zu reisen. Das ist lange Vergangenheit. Bereits kurz vor der Stilllegung im Mai 1967 machte der Bahnhof einen trostlosen Eindruck. Defekte Güterwagen wurden einfach zur Seite gekippt, und die Schilder mit der Aufschrift »Durchgang verboten« waren kaum noch lesbar.

Mittlerweile existiert neben dem Gleisbogen der ehemaligen Trasse am Rheinufer nur noch das restaurierte Bahnhofsgebäude, das jetzt das Restaurant »Bahnhöfche« beherbergt. Der zweistöckige Fachwerkbau entstand mit der Fertigstellung der Rheinuferstation im Jahre 1891. In den folgenden Jahren kamen noch Warteraum und Bahnsteigüberdachung hinzu. Wo früher die Menschen auf das »Bröltalbähnchen« warteten, genießen Erholungsuchende jetzt das Rheinpanorama im Biergarten. Wer den Verlauf der Beueler Trasse verfolgen will, kann vom Gleisbogen aus auf dem »Bröltalbahnweg« auf Entdeckungstour gehen.

Adresse Bröltalbahnweg, 53225 Bonn | **ÖPNV** Bus 163, 550, 640, Haltestelle An der Wolfs-
burg (Fußweg 300 Meter) | **Tipp** Die einzige funktionstüchtige Mühle im Bonner Stadt-
gebiet ist die Holzlarer Mühle, die vor über 500 Jahren erstmals urkundlich erwähnt wurde.

18 Der Köln-Bonner Hermes

Der letzte Überlebende

Im Dezember 1985 stand Bonn vor einem Trümmerhaufen, oder besser gesagt der Endbahnhof Bonn der Rheinuferbahn lag in Trümmern. 50 Jahre lang hatte das mehrfach umgebaute und modernisierte Empfangsgebäude als Endstation der Köln-Bonner Eisenbahnen (KBE) gedient. Von hier aus nutzten die Menschen die Vorgebirgs- und Rheinuferbahn sowie die Straßenbahn nach Godesberg und Mehlem. Mit dem Aus für die Vorgebirgsbahn und der Umstellung auf den Stadtbahnverkehr endete 1985 die Ära des Ziegelbaus.

Der einstige Standort an der Ecke Thomasstraße / Thomas-Mann-Straße dient jetzt als Parkplatz für den benachbarten Hauptbahnhof, ansonsten ist der KBE-Bahnhof aus dem Stadtbild verschwunden. Nichts hat überdauert. Gar nichts? Nicht ganz, denn einer sollte überleben und an anderer Stelle eine neue Heimat finden. Der Götterbote Hermes, der in der griechischen Mythologie unter anderem als Schutzgott des Verkehrs gilt, schützte 50 Jahre lang von einer oberen Ecke im Eingangsbereich des Rheinuferbahnhofs aus die Reisenden.

Weil der Hermes als Wahrzeichen galt, sollte er auf keinen Fall zertrümmert werden: Bonns damaligem Oberstadtdirektor Karl-Heinz van Kaldenkerken lag die Kultfigur sehr am Herzen. Er verhinderte, dass die einem Puttenengel ähnelnde Steinfigur, wie zunächst von der KBE geplant, in einem Kölner Stadtbahnhof landete. Stattdessen fand dieses Stück Bonner Eisenbahnkultur, die den Hermes auf einem Flügelrad zeigt, im Stadtbahnbetriebshof der Stadtwerke Bonn einen passenden Ehrenplatz, denn bis 1967 befand sich hier das Dampflok-Ausbesserungswerk der KBE. Schon von außen ist das im Eingangsbereich auf einem Ziegelsockel platzierte »Männeken« erkennbar. Wer den letzten Überlebenden des KBE-Endbahnhofs, der mit seinem Ärmchen die Wappen der Städte Bonn und Köln umgreift, aus nächster Nähe sehen will, sollte sich vorher bei den Stadtwerken anmelden.

Adresse Gerhart-Hauptmann-Straße 8, 53121 Bonn | **ÖPNV** Bus 631, Haltestelle Gerhart-Hauptmann-Straße (Fußweg 130 Meter) | **Tipp** Die Dransdorfer Burg ist ein ehemaliger Rittersitz, der 1695 und 1742 in Flammen aufging und jedes Mal wieder aufgebaut wurde. Die Burg gehört seit 1955 der Stadt Bonn und beherbergt gegenwärtig eine Musikschule.

19__Die Wesselbahn

Wehmut im Wurst-Waggon

Eine Kleinbahn hinterlässt nach ihrer Stilllegung in der Regel keine großen Spuren. Auch die Wesselbahn lebt mehr in der Erinnerung der Zeitzeugen als durch verbliebene Relikte weiter. Die Spurensuche ist deshalb ein kleines Abenteuer, das hauptsächlich durch ein ödes Gewerbegebiet führt.

Ein wenig anmutiger beginnt die Reise auf dem Wesselbahnweg, wo »Wessels Bähnchen« einst die Endenicher Allee samt einer ebenfalls längst verschwundenen Straßenbahn kreuzte. Wer heute auf dem Wesselbahnweg wandelt, kann sich kaum vorstellen, dass hier einst die Dampfloks der Bundesbahn voll beladen zum Bonner Güterbahnhof schnauften.

Die Ladung bestand aus Blauton oder Porzellanprodukten, denn die Wesselbahn entstand 1890, weil die Ludwig-Wessel-Werke ihre Waren schneller per Bahn transportieren wollten. Die Porzellan- und Steingutfabrik hatte sich Anfang des 19. Jahrhunderts in Poppelsdorf wirtschaftlich etabliert und blühte durch den Anschluss an die Voreifelbahn weiter auf. Die nur rund zwei Kilometer lange Trasse stieg nach dem Zweiten Weltkrieg sogar zur Personenverkehrsstrecke auf. Für die Ludwig-Wessel-Werke ging es hingegen nach Kriegsende bergab. Der wirtschaftliche Strukturwandel machte dem Werk zunehmend zu schaffen. Die Wende wurde nicht mehr geschafft und die Produktion 1969 zum Jahresende stillgelegt.

Die Wesselbahn hingegen schaffte noch rund 30 Jahre und belieferte zwei andere Firmen mit Flüssiggas und Paletten. Wer heute Schienen entdecken will, muss nach dem Ende des Wesselbahnwegs die Verdi- und Immenbergstraße passieren. Rechts neben der Straße »Am Dickobskreuz« wird die Suche dann mit zwei Schienenstücken belohnt, die teilweise schon von Gras überwachsen und von einer Imbissbude überbaut sind. Immerhin kann der Eisenbahnfreund sein Schnitzel – im wehmütigen Gedenken an ein Stück Bonner Bahngeschichte – im »Wurst-Waggon« verspeisen.

Adresse Schubertstraße 22, 53121 Bonn | **ÖPNV** Bus 604, 605, 606, 607, 631, Haltestelle Wiesenweg (Fußweg 100 Meter) | **Tipp** Wer immer schon mal aus nächster Nähe eine Schlangenhalsechse, einen Fischsaurier oder den Schädel eines Tyrannosaurus Rex betrachten wollte, ist im Goldfuß-Museum genau richtig.

20__Der Bahnhof Brohl BE

Mit Volldampf unterwegs im Vulkan-Express

In Brohl am Rhein ticken die Eisenbahnuhren anders. Während das Empfangsgebäude am Bahnhof Brohl an der linken Rheinstrecke schon seit Jahren leer steht, herrscht ein paar Meter entfernt auf einer Anhöhe am »Bahnhof Brohl BE« stets viel Betriebsamkeit.

BE steht für »Brohl Eisenbahn«, Eisenbahnfreunden besser bekannt unter dem Namen »Vulkan-Express«. Unter dieser »explosiven« Bezeichnung fährt eine der bekanntesten Touristen-Schmalspureisenbahnen unter Volldampf. Während der Fahrsaison strömen fast täglich zahlreiche Ausflügler zum Personenbahnhof, um mit Diesel- oder Dampfkraft die 17 Kilometer lange Schmalspurstrecke mitten durch die Vulkaneifel zum Endbahnhof Engeln entlangzuzuckeln. Doch die Touristenattraktion führt zudem als einzige Schmalspurbahn in den alten Bundesländern unter dem Banner der »Brohltal-Schmalspureisenbahn Betriebs-GmbH« einen regulären Güterverkehr durch.

Auch hier spielt der Bahnhof BE mit umfangreichen Werkstatt- und Betriebsanlagen eine wichtige Rolle. Von diesem Herzstück aus fahren die Güterzüge etwa zum dreischienig angelegten Umladebahnhof oder zum Hafen. Die Fahrt an die Rheinanlage führt per Brücke über die Rheinstrecke, und so kommt es immer wieder zu Kreuzungen von Schmal- und Regelspur. In Brohl beschränkt sich der Güterverkehr auf den Transport von Phonolith, das per Container auf Lkws umgeschlagen wird. Bis 1995 erfolgte der Transport mit offenen Güterwagen, was aber wegen der Staubbelastung gerichtlich verboten wurde. Zudem bietet die Schmalspurgesellschaft auch Transporte auf bundesweiten Bahnstrecken, Überführungsfahrten oder die Bedienung von Gleisanschlüssen an. Eine erstaunliche Entwicklung, wenn man bedenkt, dass die 1901 eröffnete Brohltalbahn 1987 vor der Stilllegung stand, ehe die im selben Jahr gegründete »Interessengemeinschaft Brohltal-Schmalspureisenbahn« die Wende schaffte.

Adresse Bahnhofstraße, 56656 Brohl-Lützing | **ÖPNV** RB 26, Haltestelle Bahnhof Brohl (Fußweg 70 Meter) | **Öffnungszeiten** Infos zu Fahrzeiten auf http://vulkan-express.de | **Tipp** Das Puppenmuseum Bad Breisig beherbergt eine der weltbesten Sammlungen von antiken Porzellankopfpuppen vom Ende des 19. und Beginn des 20. Jahrhunderts.

21__Der »Kaiserbahnhof«
Ein Kastanienweg für Seine Majestät

»Kartätschenprinz«, »Einheitskaiser« und »Revolutionsgegner« – Kaiser Wilhelm I. war ein Monarch mit vielen Gesichtern. Sage und schreibe mehr als 1.000 Denkmäler sind dem ersten deutschen Kaiser gewidmet und mit dem »Kaiserbahnhof« ein äußerst beeindruckender Eisenbahnbau, den viele zu den schönsten Deutschlands zählen. Der im Renaissancestil von der Rheinischen Eisenbahngesellschaft erbaute Bahnhof Kierberg entstand an der seit 1875 existierenden »Eifelstrecke« zwischen Köln und Trier und gehörte zunächst zu den »Vergnügungsstationen« mit Park, Musikpavillon und Aussichtsturm.

Zwei Jahre nach der Fertigstellung residierte der Kaiser während der Herbstmanöver seiner Truppen im Brühler Schloss Augustusburg. Um zum rund 20 Kilometer entfernten Übungsplatz in Lommersum zu gelangen, nutzte auch der Kaiser die Eisenbahn. Selbstverständlich nicht wie ein gewöhnlicher Passagier an einem gewöhnlichen Bahnsteig, der kaiserliche Einstieg vollzog sich vielmehr an einem eigens eingerichteten Abstellgleis. Um es »Seiner Hoheit« so bequem wie möglich zu machen, entstand zudem ein von Kastanien gesäumter Weg von satten 20 Metern Breite.

Des Kaisers Gefolge nutzte den Weg in den nächsten Jahren regelmäßig, sodass die Brühler ihn in »Kaiserstraße« umbenannten und das Empfangsgebäude künftig als »Kaiserbahnhof« firmierte. Der kaiserliche Bahnhof vergrößerte sich 1892 noch um einen Grubenbahnhof. Damit erreichte der bis zum Ersten Weltkrieg viel besuchte Bahnhof seinen Zenit. Die Demontage folgte mit dem Ende des Grubenbahnhofs, von den einst sieben Gleisen blieben nur noch zwei. Zeitweise drohte sogar der gesamten Eifelstrecke die Stilllegung. Das konnte verhindert werden, nicht aber, dass Kierberg vom Bahnhof zum Haltepunkt degradiert wurde. Der mittlerweile denkmalgeschützte Kaiserbahnhof hat sich hingegen seine Pracht erhalten und dient heute als Gaststätte und Veranstaltungsraum.

Adresse Kierberger Straße 158, 50321 Brühl | **ÖPNV** RB 24, Haltestelle Bahnhof Brühl-Kierberg | **Tipp** Das Max Ernst Museum widmet sich Leben und Werk des berühmten Künstlers mit einer umfangreichen Sammlung. Die Werke von Tim Burton, M. C. Escher und David Lynch konnten hier ebenfalls schon bewundert werden.

22 Der Dauner Viadukt
Der Blick auf den Burgberg

Die Aussicht ist beeindruckend, denn der Betrachter blickt von diesem Standort auf Daun und den imposanten Burgberg. 28 Meter hoch ist der Dauner Viadukt, der heute unübersehbares Wahrzeichen der Eifeler Kreisstadt Daun ist. Das Bauwerk ist allerdings optisch nicht gerade schmeichelhaft von einer Tankstelle und einem umzäunten Lagergebäude umgeben.

Aber das Sehenswerte gibt es ja sowieso nicht unter, sondern auf der Brücke. An einem Rastplatz stehen Infotafeln, die von der Geschichte des Viadukts berichten. Diese ist schnell erzählt: Sie beginnt mit der Eifelquerbahn, die ab 1895 zwischen Andernach und Gerolstein verkehrte. Daun besaß jetzt einen Bahnhof, von dem aus, ab dem 1. Dezember 1909, die Züge nach Wengerohr auf die Moselstrecke dampften. Die Strecke war zwar nur eingleisig, erforderte aber wegen der topografischen Lage mehrere aufwendige Bauten, zu denen auch der Viadukt über die heutige Bundesstraße 257 zählte. Für 141.000 Mark ließ die Staatseisenbahn eine fünfbogige Brücke errichten, die um das Städtchen herumführt und deren Steinbögen eine Spannweite von 16 Metern besitzen.

Nicht lang und imposant wie der 103 Meter lange Viadukt, sondern kurz und eher unauffällig verlief das Schicksal des Schienenwegs. Die auch als »Mosel-Maare-Bahn« bezeichnete Nebenstrecke war bereits 1981 des Personenverkehrs beraubt, der Gütertransport behauptete sich bis 1988. Nach dem Motto »Bloß kein Bahnverkehr mehr« entfernte die Deutsche Bahn AG die Trasse neun Jahre später, womit die letzten Reaktivierungsbemühungen scheiterten.

Auf der Trasse fahren jetzt Zweiräder, denn die Strecke ist seit 2000 Teil des »Mosel-Maare-Radweges«, der am Bahnhof Daun startet. Negativschlagzeilen machte das Wahrzeichen im Mai 2015, als sich ein Mann die Brücke hinunterstürzen und zwei Polizisten mit in die Tiefe ziehen wollte. Die Ordnungshüter konnten das Schlimmste verhindern.

Adresse Bahnhofstraße, 54550 Daun | **Anfahrt** A 1, Ausfahrt Daun auf B 257 Richtung Daun / Darscheid, auf Bahnhofstraße abbiegen | **Tipp** Geschwindigkeit der rutschigen Art erlebt man auf der Sommerrodelbahn im Wild- und Erlebnispark Daun. Rund 800 Meter geht es durch Steilkurven und lange Geraden ins Tal hinab.

23 Der Alte Bahnhof Hützemert

Aus Fritz wurde Emma

»Emma ist die erste Lok mit Geschlechtsumwandlung«, lacht Sascha Koch vom Dorfverein Hützemert. Einst fuhr die 1914 gebaute Dampfspeicherlok unter dem Namen »Fritz« unter anderem für die Düsseldorfer Waschmittelfabrik Henkel. »Für die Kinder haben wir sie in Emma umgetauft«, erklärt Koch.

Klar, Lummerland lässt grüßen, und deshalb ist Emma jetzt die große Attraktion am »Alten Bahnhof Hützemert«. Wie überhaupt das 1903 fertiggestellte Stationsgebäude positiv heraussticht aus den wenigen noch erhaltenen Bahnhofsgebäuden der seit 1997 unwiderruflich stillgelegten Aggertalbahn zwischen Dieringhausen und Olpe. Während einstige Stationsorte wie Bergneustadt, Drolshagen und Pernze ihre Eisenbahnvergangenheit fast oder vollständig getilgt haben, stehen in Niederseßmar, Derschlag und Hützemert zumindest mehr oder weniger erkennbar noch die alten Empfangsgebäude. Die Bahnhöfe in Derschlag und Niederseßmar sind schon lange zweckentfremdet, in Hützemert dagegen hat sich eine wundersame Verwandlung vollzogen. Nachdem das bereits seit 1965 unbesetzte Gebäude 2011 längere Zeit leer stand, haben rund 70 Mitglieder des Dorfvereins den Bahnhof in 13 Monaten mit viel Einsatz, Fleiß und Fördermitteln von rund 300.000 Euro zu einem attraktiven Ortsmittelpunkt umgestaltet. Neben einer Jausenstation gibt es im Güterschuppen eine großzügige Cafeteria, in der regelmäßig Konzerte und Kleinkunst stattfinden.

Als Bühne dient ein ehemaliger Güterwagen, der auch das Eingangsportal zum Bahnhof bildet. Zudem proben hier regelmäßig der Dorfchor, die Theater-AG und verschiedene Sportgruppen. »Wir haben rund 200 Nutzungstage im Jahr«, berichtet Koch stolz. So hat der Alte Bahnhof ein Stück seiner einstigen Bedeutung für das kleine Dorf wieder zurückerhalten.

Adresse Vorm Bahnhof 1, 57489 Drolshagen | **Anfahrt** A 4, Ausfahrt Reichshof/
Bergneustadt Richtung Bergneustadt | **Öffnungszeiten** Sommer: Sa 14–18 Uhr, So und
feiertags 13–18 Uhr, Winter: So und feiertags 13–18 Uhr oder nach Vereinbarung unter
Tel. 02763/91530 | **Tipp** Spannung pur verspricht der 750 Meter lange Drolshagener
Irrgarten, der in Form eines Heckenlabyrinths angelegt ist. Erst durch zahlreiche Umwege
gelangt man ins Zentrum.

24 Die Dürener Drehscheibe

Scheibchenweise reaktiviert

Der Bahnhof Düren bietet gleich zwei Besonderheiten: Zum einen blieb das Empfangsgebäude, im Gegensatz zum Rest der Stadt, vom Bombenhagel des Zweiten Weltkriegs verschont – es ist damit das älteste öffentliche Haus der Stadt. Verschont blieb damals auch die Drehscheibe, eine der wenigen, die direkt vom Bahnsteig zugänglich sind. Vom drohenden Verfall blieb sie allerdings nicht verschont. Drei engagierte Männer machten es möglich, dass sich die Scheibe wieder dreht wie einst.

Im Jahr 1874 wurde das Ensemble, zusammen mit dem Empfangsgebäude des bereits seit 1841 existierenden Dürener Bahnhofs, in Betrieb genommen. Die damaligen Schlepptenderlokomotiven konnten nur vorwärts schnell fahren und mussten bei der Zielankunft gewendet werden. Anfangs drehte ein Wärter die Lok mit der Handkurbel um 180 Grad, ab 1905 funktionierte die Drehung elektrisch. Der erste Einschnitt kam 1983, als die »Bördebahn« zwischen Düren und Euskirchen stillgelegt wurde, zwölf Jahre später war auch die Strecke zwischen Düren und Neuss nur noch Bahngeschichte. Die Drehscheibe war jetzt funktionslos, und die Deutsche Bahn baute die dazugehörigen Stumpfgleise ab, obwohl das Bauwerk seit 1989 denkmalgeschützt war. Und so wäre die Drehscheibe wohl vergessen worden und verrottet, wenn sich nicht drei ehemalige Eisenbahner ihrer erinnert hätten: Josef Krott, Manfred Klein und Kurt Klee wollten das Denkmal retten.

Zwei Jahre vergingen, ehe die Deutsche Bahn im Januar 2013 die Restaurierung erlaubte. Ehrenamtler des Stadtmuseums befreiten die Scheibe vom Wildwuchs, säuberten verstopfte Ausflüsse und erneuerten die elektronischen Einrichtungen. Nach 1.100 Arbeitsstunden feierte die Drehscheibe am 13. September 2015 beim »Tag des offenen Denkmals« ein strahlendes Comeback. Strahlen konnte auch das Restaurierungsteam, als es den »Ehrenamtspreis für soziales Engagement im Kreis Düren« erhielt.

Adresse Hauptbahnhof 1, 52351 Düren | **ÖPNV** S-Bahn 13, 19, RB 21, 28, Haltestelle Bahnhof Düren | **Tipp** Die alte Westkampfbahn erlebte große Pokalschlachten des SG Düren 99, beispielsweise gegen den 1. FC Kaiserslautern mit Fritz Walter vor 17.000 Zuschauern. Düren 99 klopfte mal an das Tor zur Zweiten Liga, und das Stadion mit der altehrwürdigen Tribüne erinnert noch an die Ära der einstigen Erfolge.

25 Die Gedenktafel

Festzug mit »Rhein« und »Wupper«

Wer am Düsseldorfer Hauptbahnhof hastig durch den Nordeingang eilt, um noch den Zug zu erwischen, wird die Gedenktafel vermutlich übersehen, die zwischen den kühl wirkenden Kachelwänden etwas verloren wirkt.

Dabei ist der heutige Hauptbahnhof indirekt jener Eisenbahnverbindung zu verdanken, die auf der Gedenktafel zu Recht als Pionierleistung gewürdigt wird. Die Strecke von Düsseldorf nach Elberfeld war die erste Eisenbahnverbindung im heutigen Nordrhein-Westfalen. Entstanden ist die Pioniertat in den Köpfen der Handelskammermitglieder von Düsseldorf und Elberfeld. Per Schiene sollten Rohstoffe, die in den Düsseldorfer Häfen angeliefert wurden, preiswert zu den Baumwollspinnereien in Elberfeld und Barmen transportiert werden. Für das damals noch wagemutige Unternehmen holte sich die im Oktober 1835 gegründete Düsseldorf-Elberfelder Eisenbahngesellschaft als Berater keinen Geringeren als den Engländer Robert Stephenson, Sohn des legendären Eisenbahnpioniers George Stephenson. Der erste Abschnitt von Düsseldorf nach Erkrath konnte am 20. Dezember 1838 mit einem von den Lokomotiven »Rhein« und »Wupper« gezogenen Festzug eröffnet werden. Der restliche Abschnitt mit der Steilstrecke Erkrath–Hochdahl wurde am 1. September 1841 fertiggestellt.

Der Düsseldorf-Elberfelder Bahnhof auf dem Graf-Adolf-Platz wich 1891 zunächst dem »Zentralbahnhof«, der wiederum 1932 vom heutigen Hauptbahnhof abgelöst wurde. Die einstigen Pioniere haben dennoch Bleibendes hinterlassen: Die Strecke gilt heute wegen ihrer vielen historischen Elemente als »bedeutsame Kulturlandschaft« und wichtige Verbindung für den S-Bahn-, Regional- und Fernverkehr. Schon das 100-jährige Bestehen wurde am 20. Dezember 1938 groß gefeiert. Zu diesem Anlass setzten die Reichsbahndirektion Wuppertal und der Heimatverein »Düsseldorfer Jonges« der Strecke dieses ebenfalls bleibende Denkmal.

Adresse Konrad-Adenauer-Platz 14, 40210 Düsseldorf | **ÖPNV** Bus 738, 834, Bahn 704, 707, U70, U74, U75, U76, U78, U79, S-Bahn 1, 8, 6, 11, 28, 68, Haltestelle Düsseldorf Hauptbahnhof | **Tipp** Als wegweisend im deutschen Hochhausbau gilt der ehemalige Firmensitz von ThyssenKrupp. Das 94 Meter hohe, 26-geschossige Gebäude ist unter der Bezeichnung »Dreischeibenhaus« bekannt.

26— Die Steilstrecke

Abfahren mit Anlauf

Dass die Eisenbahn die Menschheitsgeschichte beeinflusste, ist hinlänglich bekannt. Dass wegen einer Eisenbahnstrecke die Menschheitsgeschichte nachträglich umgeschrieben wurde, eher weniger. Als 1838 die Bauarbeiten für die Strecke von Düsseldorf nach Elberfeld begannen, mussten die Ingenieure zwischen den geplanten Bahnhöfen Erkrath und Hochdahl einen gewaltigen Höhenunterschied von über 80 Metern auf einer Länge von nur 2,5 Kilometern überwinden.

Was also tun? Der eisenbahnerfahrene Engländer Robert Stephenson schlug vor, die Strecke gleichmäßig im Verhältnis 1:30 ansteigend als geneigte Ebene zu bauen. Bei den aufwendigen Erdarbeiten zu der Trasse fanden Arbeiter Eisenerz, für dessen Verhüttung im Neandertal Kalkstein abgebaut werden musste. Im Jahre 1856 entdeckten dabei wiederum italienische Steinbrucharbeiter die Knochenreste des berühmten »Neandertalers«, was Charles Darwins Evolutionstheorie befeuerte.

Unterstützung benötigten auch die Loks, die von Erkrath »rauf« nach Hochdahl mussten. Weil die Zugkraft nicht ausreichte, baute die zuständige Eisenbahngesellschaft eine große Dampfmaschine, um die Züge per Seil bergauf zu ziehen. Die enorm aufwendige Prozedur wurde jedoch schon fünf Monate später durch eine Methode abgelöst, bei der talwärts rollende Züge die bergwärts fahrenden Züge hochzogen – ab 1926 übernahmen Schiebelokomotiven diese mühsame Aufgabe.

Die Zieherei und Schieberei endete 1963, als die Strecke elektrifiziert wurde. Mancher Zug musste gelegentlich aber immer noch einen Extraanlauf nehmen. Noch bis in die 1980er Jahre galt Erkrath–Hochdahl als steilste Strecke Europas, und bis heute wirkt sie vom Bahnsteig Erkrath aus sehr beeindruckend. Am Bahnhof Hochdahl befindet sich eine ehemalige Seilzugrolle mit Gedenktafel, und an der Eisenbahnbrücke über die Bergische Allee erinnern große Infotafeln an den steilen Schienenweg.

Adresse Morper Allee, 40699 Erkrath | **ÖPNV** S-Bahn 8, 68, Haltestelle Bahnhof Erkrath | **Tipp** Der seltene Auerochse fühlt sich pudelwohl im Naturschutzzentrum Bruchhausen, das inmitten der Bruchhauser Feuchtwiesen liegt und auch gefährdeten Tieren wie Kreuzkröten, Zauneidechsen und Geburtshelferkröten eine Heimat bietet.

27 Der Lokschuppen Hochdahl

Hochzeit auf dem Bahnsteig

Lokomotiven werden mit Dampf, Diesel oder Elektrizität angetrieben. Im »Eisenbahn- und Heimatmuseum Erkrath-Hochdahl« wird die Energie mit Muskelkraft erzeugt. Die Modelleisenbahn des Vereins ist nämlich an den Dynamo eines Hometrainers angeschlossen. »Je schneller die Kinder treten, umso schneller fahren auch die Loks«, erklärt der Vereinsvorsitzende Ralf Fellenberg.

Mit viel Muskelkraft und Engagement haben die Mitglieder auch den denkmalgeschützten Lokschuppen aufwendig restauriert, der das Herzstück des Museums am Bahnhof Erkrath-Hochdahl ist. Der Lokschuppen existiert bereits seit 1864, als auf der Strecke Düsseldorf–Elberfeld noch die Züge der Bergisch-Märkischen Eisenbahngesellschaft vorbeidampften. Das denkmalgeschützte Backsteingebäude beherbergt unter anderem eine Dauerausstellung über die erste westdeutsche Eisenbahnstrecke sowie ein Archiv, das für alle Eisenbahnfreunde offen ist. »Wer etwas sucht, kann gern zu uns kommen«, betont Fellenberg. Prunkstück im Schuppen ist der historische Fahrkartenschalter aus dem Bahnhof Erkrath. Der historische Lokschuppen ist aber kein reines Eisenbahnmuseum, sondern auch Veranstaltungsort für Ausstellungen, Konzerte und Vorträge.

Eisenbahnfaszination verströmt auch der historischen Vorbildern nachempfundene Bahnsteig, um den sich liebevoll restaurierte Fahrzeuge wie die Diesellok Köf II versammeln. Neueste Errungenschaft ist ein historischer Güterwagen der Düsseldorfer Firma Henkel, der ebenfalls restauriert und mit der »Weißen Dame« eines bekannten Waschmittels bemalt wurde. Mitunter finden auf dem Bahnsteig auch Open-Air-Trauungen statt. Entstanden ist die Idee zum Eisenbahnmuseum bereits im Jahr 1988, als die Strecke Düsseldorf–Elberfeld ihr 150-jähriges Bestehen feierte. »Wir sind schon ein wenig stolz, an einer so bedeutenden Strecke beheimatet zu sein«, erklärt Fellenberg.

Adresse Ziegeleiweg 1–3, 40699 Erkrath | **ÖPNV** S-Bahn 8, Haltestelle Bahnhof Erkrath-Hochdahl (Fußweg 200 Meter) | **Öffnungszeiten** April–Okt. Mi 17–19 Uhr, Sa 11–14 Uhr | **Tipp** Eine der ältesten Auerochsenherden ist im Eiszeitlichen Wildgehege Neandertal zu bewundern, das bereits seit 1935 existiert.

28 Die Ludendorffbrücke
Theater im Tunnel

Da staunte Leutnant Karl Heinrich Timmermann: Als der US-Amerikaner am 7. März 1945 mit seiner Panzerdivision Remagen erreichte, war er auf alles gefasst, aber nicht auf eine intakte Ludendorffbrücke. Der Sprengversuch der Wehrmacht war schlicht gescheitert. So konnte die US-Armee den Rhein unbehelligt über die zweigleisige Eisenbahn- und Fußgängerbrücke in Richtung Tunnel unter dem Erpener Ley überqueren. Was die Amis nicht ahnten: Neben Wehrmachtssoldaten hielten sich dort auch schutzsuchende Zivilisten auf. Nur durch das mutige Handeln einiger Frauen und eines Eisenbahners, die mit weißen Tüchern winkend aus dem Tunnel liefen, konnte ein Blutvergießen verhindert werden.

Anschließend sprachen die Menschen immer wieder vom »Wunder von Remagen«. Viele Historiker sind überzeugt, dass die Eroberung der Brücke den Krieg entscheidend verkürzte und sogar die Atombombe verhinderte. Somit ist das heutige »Mahnmal für den Krieg« vor allem als »Brücke von Remagen« bekannt und Inspiration für den gleichnamigen Hollywoodfilm gewesen. Die Brücke selbst hat den Krieg allerdings nicht überlebt, sondern stürzte durch die vielen Belastungen und Beschädigungen am 17. März 1945 krachend zusammen.

Ein geplanter Wiederaufbau scheiterte in den 1960er Jahren, weil die 1918 fertiggestellte und nach General Erich Ludendorff benannte Brücke von der Bundesbahn weder als Lückenschluss noch als Ausweichstrecke benötigt wurde. Seither existieren nur noch Türme und Tunnel, doch als Denkmal ist die Brücke auch von Weitem nicht zu übersehen. Im Inneren der Remagener Brückentürme informiert seit 1980 ein Friedensmuseum über die dramatischen Ereignisse. Auf Erpeler Seite werden im Tunnel regelmäßig Theaterstücke aufgeführt. Bei einer konstanten Temperatur von 13 Grad können die Besucher im unbeheizten Tunnel nachempfinden, wie es den Menschen anno 1945 ergangen ist.

Adresse Bahnhofstraße, 53579 Erpel | **ÖPNV** RB 27, 8, Haltestelle Bahnhof Erpel (Fußweg 200 Meter) | **Öffnungszeiten** Über die Theateraufführungen informiert die Website www.ad-erpelle.de. | **Tipp** Was haben Graf Zeppelin, die Burschenschaft Rheno-Germania und der Erpeler Volksschullehrer Hans Eich gemeinsam? Ihnen allen wurden Denkmäler auf dem Erpeler Ley gewidmet. Der rund 200 Meter hohe Basaltfelsen bietet zudem einen phantastischen Panoramablick über das Siebengebirge.

29_Die »Zucker-Susi«

Eine Zukunft für das Zuckerstück

Der Park-and-ride-Parkplatz hinter dem Euskirchener Bahnhof ist kein schöner Anblick, sondern eine trostlose Steinwüste. Und auch die »Zucker-Susi« hat an dieser Schmuddelecke schon bessere Tage gesehen.

»Zucker-Susi« ist der Spitzname der alten Dampfspeicherlok, die von 1968 bis 1983 zahllose Zuckerrüben vom Euskirchener Bahnhof zur Fabrik »Pfeifer & Langen« transportierte. Die zum Schnäppchenpreis von 21.000 Mark vom Kalibergwerk Salzdetfurth / Empelde erstandene Lok übernahm fortan die Aufgaben der mittlerweile rentenreifen Dampfloks aus der Preußenzeit. Die von der Firma »Henschel & Sohn« im Jahre 1949 gebaute Maschine mit der Typbezeichnung B-fl 12/2,5 erreichte eine Höchstgeschwindigkeit von 40 Kilometern und verrichtete brav und ohne Murren ihren Dienst im Auftrag des Zuckers.

Ab 1982 war Susis Zucker-Zugkraft, die immerhin 35 Waggons schaffte, nicht mehr gefragt, und die Lok landete auf dem Abstellgleis. Weil ihr Arbeitgeber nicht wusste, wohin damit, wurde die Lok der Stadt Euskirchen geschenkt. Die Stadt nahm dankend an, wollte aber das mittlerweile ramponierte, museale Stück vor der Präsentation erst mal aufpolieren. Die Politur gelang mit Hilfe des Eisenbahnclubs Euskirchen. Beim »Pflasterfest« der Stadt Bad Münstereifel stellten die neuen Besitzer das gelungene Ergebnis vor, ehe die Lok am Euskirchener Bahnhof ihren heutigen Ruhestand fand.

Leider war Susi von nun an schutzlos der Witterung und dem Vandalismus ausgesetzt, sodass die Eisenbahnfreunde 2004 zum 125-jährigen Bestehen von Pfeifer & Langen der Lok eine Generalüberholung spendierten. Eine solche Schönheitskur wäre erneut wünschenswert, denn mittlerweile ist bei Susi der Lack wieder ab. Während von außen der Rost schon reichlich Risse reingefressen hat, gleicht das Führerhaus einer Müllhalde. Es ist zu hoffen, dass das Zuckerstück dennoch eine lange Zukunft vor sich hat.

Adresse Johannesbergstraße, 53879 Euskirchen | **ÖPNV** S-Bahn 23, RB 28, Haltestelle Bahnhof Euskirchen (Fußweg 100 Meter) | **Tipp** Im Tuchmuseum Euskirchen scheint die Zeit stehen geblieben zu sein. Alte Zigarettenschachteln und zahlreiche handgeschriebene Zettel vermitteln den Eindruck, als sei erst gestern der letzte Arbeitstag gewesen.

30__ Der Alte Bahnhof Frechen

Nostalgie bei einem Glas »Finchen«

Den alten Eisenbahnverkehr hat Thomas Trunz an seinem Bahnhof nicht mehr erlebt, aber jeder, der seine Gaststätte besucht, kann in die einstige Eisenbahnwelt der Strecke Köln–Frechen eintauchen. Der Gastronom hat mit seinem Bruder Ralph den alten Bahnhof Frechen übernommen. Aus der ehemaligen Güterhalle wurde ein räumlich großzügiges Restaurant, an dessen Wänden die Relikte der Köln-Frechener Eisenbahn hängen. Es gibt sogar ein eigenes Eisenbahnzimmer mit dem alten Fahrkartenschalter und historischen Fotos. Dem Sommerfahrplan vom 1. Mai 1899 ist zu entnehmen, dass damals eine Fahrt von Köln nach Benzelrath rund 50 Minuten dauerte.

Clou des Bahnhof-Brauhauses sind aber seit 2015 zwei Schienenbusse, die früher für die Montafoner Eisenbahn im Vorarlberger Land unterwegs waren. Danach standen die Triebwagen im Museum der Köln-Bonner Eisenbahnfreunde, ehe sie von den Brüdern Trunz gekauft und per Kran in den Biergarten transportiert wurden. Nun können die bordeauxroten »Ferkeltaxen« mit den noch erhaltenen Gepäcknetzen und Ledersitzen unter anderem für Privatfeiern gemietet werden.

Der seit 1985 als Denkmal eingetragene Bahnhof entstand 1913, als die Strecke modernisiert wurde. Nach seiner Stilllegung machte das Empfangsgebäude samt Güterschuppen lange Zeit einen trostlosen Eindruck. Die Fenster der einstigen Diensträume waren zugemauert, und bis auf das durchgehende Streckengleis in Richtung Benzelrath gab es keine funktionierenden Gleisanlagen mehr. Jetzt ist der Bahnhof ein echtes Schmuckstück, das von der bewegten Köln-Frechener Eisenbahngeschichte erzählt. Die Gäste genießen das nostalgische Flair bei einem Glas »Finchen«, dessen Name an die frühere Kölner Vorortbahn erinnert. Sollte es ein Gläschen zu viel für das Autofahren sein, kann man getrost das Schienentaxi nehmen, denn jetzt halten neben dem Bahnhof die Stadtbahnwagen der Linie 7.

Adresse Kölner Straße 39, 50226 Frechen | **ÖPNV** Straßenbahn 7, Haltestelle Frechen Bahnhof | **Öffnungszeiten** Di – Fr 17 – 24 Uhr, Sa 15 – 24 Uhr, So 12.30 – 24 Uhr | **Tipp** Klein, aber eindrucksvoll ist der historische Friedhof Sankt Audomar mit seinen zahlreichen beeindruckenden Grabsteinen und Grabmalen.

31 — Die Selfkantbahn

Ein lebendiges Geschichtsbuch

Peter Josef Beckers hätte sich gefreut: An diesem Sonntagnachmittag ist der Bahnhof Schierwaldenrath praktisch »schwarz von Menschen«. Neben den Dampfloks und Triebwagen fährt an diesem Tag zwischen den mit bunten Girlanden geschmückten Bahnsteigen auch eine Handhebel-Draisine auf dem Bahnhofsgelände. Und die benachbarte Gaststätte, deren erster Pächter einst der Schierwaldenrather Landwirt Peter Josef Beckers war, kann sich vor Gästen kaum retten. Der Name »Zur Selfkantbahn« verrät schon, dass sich die Gaststätte an einer Gleisanlage befindet.

An diesem Tag ist Kinderfest. Aber selbst ohne dieses Ereignis zählt die Selfkantbahn zu den Attraktionen zwischen Gillrath und Gangelt: Sie ist die einzige erhaltene Schmalspur-Kleinbahn in Nordrhein-Westfalen. Die Selfkantbahn ist ein rund fünf Kilometer langer Abschnitt der einst 38 Kilometer langen Geilenkirchener Kleinbahn, auf der die Züge zwischen Alsdorf und Tüddern verkehrten. Die Ära der meterspurigen Kleinbahn endete 1971. Bereits zwei Jahre zuvor hatte sich glücklicherweise der Verein »Interessengemeinschaft Historischer Schienenverkehr« gegründet, um deutschlandweit historische Schienenfahrzeuge vor dem Verschrotten zu bewahren. Um Loks und Waggons wieder zu einem neuen Leben zu verhelfen, pachteten die Mitglieder die Strecke von Gillrath nach Schierwaldenrath mit dem Ziel, dort eine Museumsbahn zu starten.

Das Reststück ist alles andere als eine Resteverwertung, denn allein der Bahnhof Schierwaldenrath ist mit seinen Gleis- und Betriebsanlagen ein Eisenbahn-Eldorado. Zudem können in der dortigen Museumshalle zahlreiche Fahrzeuge und Wagen aller Epochen bestaunt werden. Die Bahnbetreiber selbst betrachten die Selfkantbahn als eine Art »lebendiges Geschichtsbuch«, das über eine Epoche erzählt, als die Eisenbahn in der Region noch fahrplanmäßig auf schmaler Spur unterwegs war.

Adresse Am Bahnhof 13a, 52538 Gangelt | **Anfahrt** A 46 bis B 56n Heinsberg folgen, über Bahnhofstraße und Starzend bis Am Bahnhof Gangelt | **Öffnungszeiten** Über die Fahrzeiten informiert die Website www.selfkantbahn.de. | **Tipp** Über 150 Jahre alt, aber immer noch funktionstüchtig ist die Museumsmühle Breberen. Wegen ihrer besonderen Flügeltechnik ist die Mühle heute eine Seltenheit und wurde bereits 1986 als technisches Denkmal unter Schutz gestellt.

32__ Der Bahnhof Lindern

Die Wiederkehr der Wurmtalbahn

Als »ganz gewöhnliche Nebenbahn ohne aufregende Bauwerke, ohne aufregende Geschichte« wurde die Kursbuchstrecke Lindern–Heinsberg in einem Buch bezeichnet. Nun, ganz so gewöhnlich ist diese Nebenbahn nicht, denn sie zählt zu den wenigen Strecken, die reaktiviert wurden. Und Aufregung gab es um die nach dem Fluss Wurm benannte Stichstrecke reichlich.

Es begann schon im Jahr 1966, als die Bundesbahn die 1890 eröffnete Strecke streichen wollte. Bis dahin hatte sich die Wurmtalbahn große Verdienste als Wirtschaftsmotor für das strukturschwache Heinsberger Land erworben. Doch alte Verdienste zählen nicht, wenn Fahrgastzahlen schmelzen wie Butter in der Sonne. Politiker warfen der Bundesbahn hingegen vor, die Strecke absichtlich herunterzuwirtschaften und deshalb die Fahrgäste in den Ferien und an den Wochenenden zu zählen. Der Politikerprotest half nicht, der letzte Personenzug fuhr am 26. September 1980. Ein paar Güterzüge bedienten danach jahrelang diverse Werksanschlüsse. Der Endbahnhof Heinsberg musste einem Einkaufszentrum weichen. Damit war Heinsberg peinlicherweise eine der wenigen Kreisstädte Nordrhein-Westfalens ohne Eisenbahnanschluss.

Die Wende zur Wiederbelebung kam durch die »West Energie und Verkehr«, die der DB Netz AG die Strecke im Dezember 2010 abkaufte. Glücklicherweise war die Strecke nie offiziell stillgelegt, sondern weiter für den Güterverkehr genutzt und zwischenzeitlich sogar saniert worden. Entsprechend verringerte sich der Aufwand der Reaktivierung, die rund 18 Millionen Euro kostete. »Der wiederbelebte Schienenstrang ist ein Gewinn an Lebensqualität«, verkündete der Staatssekretär des Landesverkehrsministeriums Gunther Adler bei der Eröffnung am 13. Dezember 2013. Seitdem hat auch der seit 1852 bestehende Bahnhof Lindern, der nach dem Ende der Wurmtalbahn zum Haltepunkt degradiert war, wieder an Profil gewonnen.

Adresse Linderner Bahn 7, 52511 Geilenkirchen | **ÖPNV** RE 4, RB 33, Haltestelle Bahnhof Lindern | **Tipp** Die Burg Trips ist ein beeindruckendes Wasserschloss mit einem fast quadratischen Herrenhaus aus dem 15. Jahrhundert.

33 Das Spielzeugmuseum

Per Aufzug zur Eisenbahn

Wenn Naziha Khaled den Kippschalter betätigt, wird es Nacht über Grefrath. Allerdings nur über der idyllischen Landschaft, auf der die Züge einer Modelleisenbahn ihre Runden drehen. Die H0-Anlage befindet sich im Spielzeugmuseum des Niederrheinischen Freilichtmuseums Grefrath. Für den Betrieb sind Museumsmitarbeiterin Naziha Khaled und ihre Kollegen zuständig.

Die H0-Anlage steht auf der zweiten Etage des Museums und ist nur per Aufzug zu erreichen. Wenn das Licht im Raum angeht und die Züge über 32 Brücken und durch 28 Tunnel fahren, gibt es für die kleinen und großen Besucher viel zu bestaunen. Da rauscht an einer Felswand ein richtiger Wasserfall herab, da versucht die Feuerwehr einen Brand zu löschen, und ein Brautpaar fährt mit der Kutsche zur Hochzeitsfeier. Ganz oben auf einem Gipfel beobachten Fahrgäste einer Seilbahn diese Szenen. Der Detailreichtum überrascht nicht, denn die Anlage entstand 1949 für den Kirmeseinsatz und sollte möglichst viele Besucher zu den Jahrmärkten locken.

30 Jahre später landete das Eisenbahnkleinod zunächst als Leihgabe in Grefrath, ehe es mit Unterstützung der Sparkasse Krefeld in den Museumsbesitz überging. Neben der großen Fleischmann-Anlage, die mit einer Streckenlänge von über 30 Kilometern beeindruckt, können die Besucher in den seitlich angelegten Glasvitrinen weitere fahrende Meilensteine aus der Modelleisenbahngeschichte bewundern. Dazu zählt eine Märklin-H0-Anlage wie auch die seltene Spur TT der längst verblichenen Firma Rokal. Den Fahreinsatz hinter sich haben nostalgische Schienenschätzchen wie die Sandbahn der Firma Lorenz Bolz aus Zirndorf oder eine Alweg-Monorail-Bahn von Schuco.

Dreimal am Tag öffnet Naziha Khaled die erstaunliche Eisenbahnschatzkammer, die Vorführungen dauern in der Regel rund 15 Minuten. »Wenn Schulklassen kommen, auch schon mal länger«, verrät die Museumsmitarbeiterin lächelnd.

Adresse Am Freilichtmuseum 1, 47929 Grefrath | **Anfahrt** A 52, Ausfahrt Kreuz Neersen,
Venloer Straße, Clörath, K 17, Anrather Straße und Ostumgehung bis Stadionstraße |
Öffnungszeiten April–Okt. Di–So 10–18 Uhr, Nov.–März Di–So 10–16 Uhr | **Tipp**
Die Burg Uda ist das Wahrzeichen des Grefrather Ortsteils Oedt und wurde schon 1313
erstmals urkundlich erwähnt.

34 Das Eisenbahnmuseum Dieringhausen

Eine Stadt im Dorf

Wer mit dem Auto achtlos durch Dieringhausen fährt, könnte die Anlage hinter einem Güterschuppen fast übersehen. Ein Blick dahinter zeigt jedoch, dass der Gummersbacher Stadtteil ein beeindruckendes Bahnbetriebswerk besitzt, das einst den Ort prägte und heute ein viel besuchtes Museum ist. Entstanden ist die Anlage kurioserweise durch eine Strecke, die größtenteils aus der Eisenbahnlandschaft verschwunden ist.

Dabei handelt es sich um den Teil der Aggertalbahn, der von Ründeroth aus am 1. Mai 1887 nach Derschlag verlängert war. Ein Jahr später war an der Strecke der Dieringhausener Bahnhof fertiggestellt. Weil sich das oberbergische Eisenbahnnetz immer weiter ausdehnte, bekam Dieringhausen 1905 eine Betriebswerkstätte, die sich praktisch zu einer Stadt im Dorf entwickelte. Zahlreiche Dienstwohnungen entstanden, und nach einem erheblichen Aus- und Umbau stieg die Werkstätte 1916 in den Rang eines Bahnbetriebswerkes auf. Obwohl viele neue Arbeitsplätze entstanden, verärgerten Lärm und Schmutz die Anwohner.

Der Lärm verstummte für immer, als die Bundesbahn das Werk am 30. April 1982 dichtmachte. Noch im selben Jahr wurde das Gelände von den »Eisenbahnfreunden Flügelrad Oberberg« angemietet und danach von Hermann Haeck, dem stolzen Besitzer des Bahnhofs Linde an der ehemaligen Sülztalbahn, aufgekauft. Heute ist die 11.000 Quadratmeter große »Eisenbahnstadt« ein lebendiges Museum, das mit einem elfständigen Lokschuppen und einer Drehscheibe mit einem Durchmesser von 22 Metern beeindruckt. An den Besuchertagen können Eisenbahnfreunde Schienenbusse, »Donnerbüchsen« und Tenderlokomotiven hautnah erleben. Es gibt eine kleine Eisenbahnbücherei und eine große Modellbahnanlage. Höhepunkt ist eine Fahrt mit der Dampflok »Waldbröl« auf der Trasse der Wiehltalbahn.

Adresse Hohler Straße 2, 51645 Gummersbach | **ÖPNV** RB 25, Haltestelle Bahnhof Dieringhausen (Fußweg 800 Meter) | **Öffnungszeiten** April–Okt. Sa 10–17 Uhr | **Tipp** Der Aussichtsturm Meerhardt wurde 1908 in Form einer Ruine erbaut. Der zehn Meter hohe Turm ist am schnellsten über die »Schwindsuchttreppe« zu erreichen.

35 Die Waggonbrücke
Ein Lückenschluss mit LED-Beleuchtung

Über diese Brücke ist nie ein Eisenbahnzug gefahren. Dennoch wurde das Bauwerk zu einer Art Wahrzeichen am heutigen »Panoramaradweg Niederbergbahn«. Die Waggonbrücke ist die erste ihrer Art in Deutschland, und mit dieser Exklusivität wirbt sie sogar im Internet mit einem Imagefilm.

Alles fing an mit der Stilllegung der Niederbergbahn im Jahr 1999. Die Geisterstrecke zwischen Oberdüssel und Kettwig fiel zunächst, wie so häufig bei stillgelegten Bahnlinien, in einen Dornröschenschlaf, aus dem die Trasse erst zwölf Jahre später wieder erwachte. Mit zahlreichen Besuchern weihten am 16. Juli 2011 die Bürgermeister von Heiligenhaus, Velbert und Wülfrath den neuen Panoramaradweg auf der ehemaligen Strecke ein. Die Waggonbrücke sorgt bei diesem Radweg für einen wichtigen Lückenschluss. Bereits 1967 war in Heiligenhaus die alte Eisenbahnbrücke abgerissen worden, weil dort die Lkws nicht mehr unter der Konstruktion durchpassten.

Damit die Radfahrer hier nicht absteigen und auf die angrenzende Straße ausweichen müssen, kam dem Ingenieur Ulrich Diehl in einer Dezembernacht des Jahres 2006 eine, wie er berichtete, »zündende Idee«. Diese bestand darin, aus einem ausrangierten Eisenbahnwaggon eine Brücke zu bauen. Schon das Miniatur-Modell begeisterte die Heiligenhauser Politiker. Begeistert waren auch zahlreiche Schaulustige, die im Sommer 2009 die spektakuläre Brückeneinhebung erlebten.

Die Brücke der besonderen Art besteht aus einem vierachsigen Drehgestell-Flachwagen mit Rungen. Der zuvor in Saarlouis gelagerte Waggon der Deutschen Bahn ist rund 20 Meter lang und drei Meter breit. Die mit Holzbohlen belegte Konstruktion ist mit insgesamt sechs Tonnen belastbar. Die erste Waggonbrücke Deutschlands wird täglich von zahlreichen Radfahrern und Fußgängern genutzt. Nachts wird die Brücke durch vier weiße 28-Watt-LED-Strahler ins rechte Licht gerückt.

Adresse Bahnhofstraße, 42579 Heiligenhaus | **Anfahrt** A 3 Ausfahrt Dreieck Ratingen-Ost, links abbiegen auf die Brachter Straße, weiter auf Meiersberger Straße, links abbiegen auf Schöllersfeld, weiter auf Ratinger Straße, rechts abbiegen auf Hauptstraße, links abbiegen auf Bahnhofstraße | **Tipp** Im ehemaligen Bahnhof Heiligenhaus befindet sich eine Kaffeerösterei, deren Gäste ihren Kaffee auf der Plattform eines alten Eisenbahnwaggons genießen können.

36 Der Bahnhof Köln Eifeltor

»Raubzüge« am Rangierbahnhof

Es war ein langer Satz, der in die Geschichte einging. In seiner Silvesterpredigt des Jahres 1946 erinnerte der Kölner Kardinal Josef Frings an das Recht des Menschen auf Selbsterhalt: »Wir leben in Zeiten, da in der Not auch der Einzelne das wird nehmen dürfen, was er zur Erhaltung seines Lebens und seiner Gesundheit notwendig hat, wenn er es auf andere Weise, durch seine Arbeit oder durch Bitten, nicht erlangen kann.«

Die Zeiten, das waren die bitteren Hungerjahre der Deutschen nach dem verlorenen Krieg. Und auch der strenge Winter mit Temperaturen bis zu 20 Grad unter null machte den Menschen schwer zu schaffen. Die Worte des Kardinals führten zu dem, was später als »fringsen« legendär wurde, nämlich Kohlen klauen. Eine gute Gelegenheit dazu ergab sich am Bahnhof Köln Eifeltor, wo täglich die Brikettzüge aus Brühl-Vochem an die Reichsbahn übergeben wurden. Wie Schwärme fielen die Menschen über die »Klüttenzüge« her, um den Brennstoff in mitgebrachte Säcke zu stopfen oder auf primitive Handkarren zu stapeln. Erst mit der Währungsreform vom 20. Juni 1948 nahmen die »Raubzüge« deutlich ab.

Was hingegen zunahm, war der Betrieb auf dem Anfang des 20. Jahrhunderts entstandenen Rangierbahnhof Eifeltor, benannt nach der Zweigstrecke, die von Hürth-Kalscheuren in die Eifel führt. 1905 kam eine Betriebswerkstätte hinzu, die 1973 dichtmachte. Unübersehbar für die Autofahrer auf der A 4 ist seit 1968 der gigantische Containerterminal mit seinen acht Portalkränen und zwölf Umschlaggleisen, der mittlerweile zu den wichtigsten Großumschlaganlagen im europäischen Kombinationsverkehr zählt. Es ist eine eigene »kleine Stadt«, die nie schläft und an die Autobahn sowie an den Rangierbahnhof Köln-Gremberg und an die Südbrücke angeschlossen ist. »Gefringst« wird schon längst nicht mehr – es wäre aber auch nicht mehr möglich, weil »Normalsterbliche« keinen Zugang haben.

Adresse Am Eifeltor 2, 50997 Köln | **ÖPNV** Bus 138, Haltestelle Am Eifeltor (Fußweg 500 Meter) | **Tipp** Am Kalscheurer Weiher finden nicht nur Konzerte statt, sondern es können auch kleine Kähne ausgeliehen werden.

37 __ Die Rheinbraun-Lok 1036
Koloss der Kohlenbahn

Üppige Büsche und Bäume säumen den Fußweg an der Frechener Straße. Wer hier entlanggeht, erwartet vielleicht, Spaziergänger zu treffen oder Kaninchen und Eichhörnchen, aber sicher keine Eisenbahn. Und doch befindet sich an diesem Weg sogar ein ganzer Eisenbahnzug.

Seit 1989 steht, durch einen mannshohen Drahtgitterzaun vor Beschädigungen gut geschützt, auf einem rund 100 Meter langen Gleis die Rheinbraun-Lok 1036 samt Abraum-, Kohle-, Flach- und Werkstattwagen. Einst transportierte die 1948 gebaute E-Lok im Dienst des Ville-Tagebaus die Braunkohle aus den Gruben zum Bunker des Goldenbergwerks.

Dass die Lok nach ihrem Dienstende nicht verschrottet wurde, sondern als »rollendes Denkmal« an die Braunkohleära erinnert, ist den Mitgliedern des »Förderkreises der Schmalspur-Alt-Hürth« zu verdanken. Als am 18. Mai 1988 der letzte Kohlenzug rollte, gründete sich nur einen Monat später der Förderkreis. In seinem Heimatort erlebte das Gründungstrio Karl-Heinz Draaf, Richard Welter und Georg Büsgen einst die Braunkohleförderung hautnah mit. Glücklicherweise überließ Rheinbraun den Kohlenbahnfreunden, die der 900-Millimeter-Bahn eine Erinnerungsstätte widmen wollten, die Lok samt vier Wagen, und die Stadt stellte den heutigen Standort in unmittelbarer Nähe der verschwundenen Gleistrasse zur Verfügung.

Vor den verdienten Preis hatten die Götter aber auch in diesem Fall den Schweiß gesetzt. Oder besser gesagt den Angstschweiß, denn zunächst war unklar, wie der Transport der 80-Tonnen-Lok finanziert werden sollte. Mit Hilfe von Spenden und Fördermitteln schafften die Mitglieder dann doch noch das Unmögliche. Seitdem haben die Eisenbahnfreunde mit Signalen, einer Warnblinkanlage und viel Einsatz ein beeindruckendes Zeugnis der Hürther Schmalspurära geschaffen. Der Lohn sind ein Eintrag in die Denkmalliste und Passanten, die immer wieder staunend den Koloss der Kohlenbahn bewundern.

Adresse Frechener Straße / Ecke Alstädter Straße, 50354 Hürth | **ÖPNV** Bus 715, Haltestelle Werner-Disse-Straße (Fußweg 100 Meter) | **Öffnungszeiten** Sa 11–15 Uhr | **Tipp** Kinoflair der 1950er Jahre verströmt das »Berli«, das bereits seit 1946 existiert. Vor dem Hauptfilm kommt noch wie in früheren Zeiten die Eisverkäuferin in den Saal.

38___Der Bahnhof Jülich

Abstieg mit Amelner Weizenkorn

Es gab an diesem Tag Amelner Weizenkorn, aber es gab für Eisen
bahnfreunde nichts zu feiern, als am 30. Mai 1980 am Bahnhof Jülich
die letzten Züge der Strecken nach Hochneukirch und Aachen-Nord
einfuhren. Schon als die ETA-Triebwagen in Jülich eintrudelten, begannen die Bagger mit dem Abriss einiger Gleisanlagen. Gleichzeitig
begann der Abstieg des Bahnhofs vom Knotenpunkt zum Klein-
stadtbahnhof.

Dabei hatten die Jülicher lange auf den Eisenbahnanschluss warten müssen. Während die Nachbarstadt Düren bereits seit 1841 an die
Strecke Köln–Aachen angeschlossen war, weigerte sich die Reichs-
regierung zunächst, die Festungsstadt Jülich für eine Eisenbahn zu
öffnen. 1873 war es so weit: Zunächst hielten in Jülich die Züge der
Strecken Mönchengladbach–Stolberg und Jülich–Düren. Das Gleis
nach Aachen-Nord war 1882 fertiggestellt, und ab 1911 ging es nach
Dalheim. Im selben Jahr entstand zudem in unmittelbarer Nachbarschaft die Jülicher Kreisbahn. Der neue Eisenbahnknoten erforderte
1908 ein Bahnbetriebswerk und zehn Jahre später ein Ausbesserungswerk. Das im Krieg zerstörte Empfangsgebäude ersetzte die
Bundesbahn 1952 durch einen nüchternen Zweckbau, in dem auch
die Express- und Güterabfertigung untergebracht war.

Dann begann ab Mitte der 1960er Jahre bundesweit das große
Streckensterben, von dem auch Jülich nicht verschont blieb. Den Anfang machte 1968 das Ende des Personenverkehrs nach Baal-West.
Mit dem Ende des Personenverkehrs nach Stolberg 1983 wurde auch
der Bahnhof ordentlich gerupft. Der heutige Zustand ist entsprechend: Von den vielen Gleisen sind praktisch nur zwei übrig, an denen die Triebwagen nach Linnich halten. Das Empfangsgebäude
fungiert seit 1995 als »Kulturbahnhof« mit Kneipe, Kiosk und Kino.
Im obersten Stockwerk erhalten zumindest die Mitglieder des Eisen-
bahn-Amateur-Klubs die Erinnerung an die einstige Jülicher Eisen-
bahnpracht aufrecht.

Adresse Bahnhofstraße 13, 52428 Jülich | **ÖPNV** RB 21, Haltestelle Bahnhof Jülich | **Tipp**
Eine der am besten erhaltenen Festungen der Frühen Neuzeit ist die Jülicher Zitadelle. Zu
besichtigen sind eine Ausstellung zur Geschichte der Anlage und des Jülicher Landes sowie
die aufwendig restaurierte Festung mit Wällen und Kasematten.

39_Das Eisenbahnmuseum Jünkerath

Eine Museumsbahn wird Bahnmuseum

Der 11. Oktober 1986 war der Tag, an dem die Band Europe mit »The Final Countdown« auf Platz eins der deutschen Single-Charts stand und rund 100.000 Menschen im Hunsrück gegen die Stationierung von US-amerikanischen Marschflugkörpern demonstrierten.

In der Eifel hielt an diesem Tag ein anderes Ereignis die Menschen in Atem: Überraschend wurde die Vennquerbahn zwischen Jünkerath und Losheim reaktiviert. Der Eisenbahnfreund Hans-Joachim Jakubowski war so begeistert, dass er an diesem Tag an der Diesellok des Wiedereröffnungszugs ein eigens angefertigtes Begrüßungsschild mit zwei symbolträchtigen Schlüsseln anbrachte. Die Freude hielt jedoch nicht ewig, denn die Vennquerbahn ist mittlerweile Geschichte. Die Gleise sind verschwunden, das Schild aber ist noch da und kann im Eisenbahnmuseum Jünkerath besichtigt werden.

Vor der Wiedereröffnung der Strecke trafen sich im März 1986 in Jünkerath 38 Eisenbahner mit dem Ziel, auf der Vennquerbahn einen Museumsbahnbetrieb zu etablieren. Das Unternehmen glückte, und im Mai 1989 veranstalteten die »Eisenbahnfreunde Jünkerath« eine erste Fahrt mit vereinseigenen Fahrzeugen. Ein Dämpfer erfolgte im Jahr 1999, als die Deutsche Bahn AG die Vereinsräume im Bahnhof Jünkerath kündigte. Aus der Not machten die Dampflokfreunde eine Tugend und zogen in das benachbarte Eisenmuseum um, wo sie den Keller in vielen Arbeitsstunden in eine Schatzkammer der Eifeler Eisenbahngeschichte verwandelten. Schließlich war Jünkerath einst ein Eisenbahnknoten, an dem die Züge von drei Strecken Station machten, heute halten nur noch die Triebwagen der Strecke Hürth-Kalscheuren–Ehrang. Das Gestern bewahren die engagierten Hobby-Historiker unter anderem mit Fahrplänen, Fahrkarten und einem handgefertigten H0-Modell des Bahnhofs Jünkerath.

Adresse Römerwall 12, 54584 Jünkerath | **ÖPNV** RE 12, RE 22, RB 22, RB 24, Haltestelle Bahnhof Jünkerath | **Öffnungszeiten** 1. April – 15. Okt. Mi 14 – 16.30 Uhr, im Juli zusätzlich Do 14 – 16.30 Uhr | **Tipp** Mit einer Sammlung gusseiserner Herd- und Kaminplatten sowie anderer Gebrauchsgegenstände dokumentiert das Eisenmuseum Jünkerath eindrucksvoll die Geschichte des Eisens und der Eisenerze in der Eifel.

40 Die Modelleisenbahn-Gemeinschaft

Das Gold von Hubertus

Angefangen hat alles mit einem Bahnhof aus Papier. Das war im Jahre 1996, und bei dem papiernen Modell handelte es sich um den Bahnhof Kerpen. Seither ist aus dem einzelnen Gebäude eine 30 Meter lange Anlage geworden, die ein Stück rheinische Eisenbahngeschichte dokumentiert.

Die Modelleisenbahn-Gemeinschaft Kerpen-Düren hat sich laut ihrem Vorsitzenden Dieter Kempf ein ehrgeiziges Ziel gesetzt: »Wir wollen stillgelegte Strecken im Modell wieder aufleben lassen.« Hinzu kommt ein wenig Heimatkunde, denn von längst verschwundenen Verkehrswegen wie den ehemaligen Nebenstrecken von Kerpen nach Nörvenich und von Mödrath nach Brüggen existieren nur wenige Fotos. Deshalb sind die Modellbahner auf Zeitzeugenberichte oder auf zufällig entdeckte Schätze aus privaten Fotoarchiven angewiesen. Hilfreich sind auch Luftbilder aus dem Zweiten Weltkrieg, die einen Überblick über den Streckenverlauf geben. Ansonsten nutzen Kempf und Kollegen Skizzen oder Baupläne aus Stadtarchiven. Nach diesen Vorlagen werkelt die Gleisgemeinschaft einmal die Woche an ihrer H0-Anlage. Außer Schienen und rollendem Material entsteht fast alles im Selbstbau; Kompromisse werden nicht gemacht. »Wenn wir nicht genau wissen, wie ein Gebäude aussah, recherchieren wir oft bis ins Detail«, erklärt Kempf.

Die Anlage präsentieren die Modellbahnfreunde regelmäßig bei ihren Eisenbahntagen. Dann erleben die Besucher, wie am Bahnhof Brüggen die Feldbahnen entleert werden oder Güterzüge das schwarze Gold der Brikettfabrik Hubertus abtransportieren. Dazu gibt es pittoreske Stillleben wie die Vorgärten des Bahnhofsbediensteten oder Badende an der Erftbrücke in Alt-Mödrath. Im Vereinsheim können Besucher den fleißigen Baumeistern nach Absprache gern über die Schulter schauen.

Adresse Waldstraße 26, 50169 Kerpen | **Anfahrt** A 1, Ausfahrt Hürth, Richtung Hürth /
Knapsack / Kierdorf, L 495, Heerstraße bis Waldstraße, Zugang zum Pavillon zwischen
Turnhalle und Albert-Schweitzer-Schule | **Öffnungszeiten** Infos auf www.mgkkerpen.de |
Tipp Beinahe wäre Wolfgang Graf Berghe von Trips mit Ferrari der erste Formel-1-Welt-
meister geworden. Neben persönlichen Zeugnissen und Rennwagen ist im Rennsport-
museum »Villa Trips« auch das erste Kart des 1961 tödlich verunglückten Grafen zu sehen.

41 Die »Klüttenbahn«

Wo die Eisenbahn die Straßenbahn kreuzt

Da staunt selbst so manche alteingesessene Braunsfelderin. »Ich wusste gar nicht, dass hier noch ein Bähnchen fährt«, meint eine ältere Dame beim Anblick des Rheingold-Zuges, der gerade den Bahnübergang auf der Aachener Straße passiert.

Das »Bähnchen« ist an diesem Wochenende zwar nur als Nostalgiezug unterwegs, doch tatsächlich verkehren auf der Strecke Köln–Frechen, im Volksmund als »Klüttenbahn« bekannt, immer noch regelmäßig die Güterzüge der »Häfen und Güterverkehr Köln AG«. Der Bahnübergang bietet ungewöhnliche Ansichten, denn die Züge überqueren niveaugleich die Gleise der Stadtbahnlinie 1. Dabei haben die Güterzüge stets Vorrang vor dem Straßenbahn- und Autoverkehr. Bis 1990 wurde diese Aufgabe von einem Schrankenwärter erledigt, der per Mikro Autofahrer und Fußgänger zur Räumung der Kreuzung auffordern konnte.

Bereits seit über 120 Jahren ist diese außergewöhnliche Kreuzung im dicht besiedelten Stadtteil ein Blickfang. Fast wäre dieser spezielle Eisenbahnabschnitt, der hinter dem Bahnübergang in Richtung Frechen durch den Stadtwald führt, schon längst verschwunden. »Keiner will die Klüttenbahn«, titelte der Kölner Stadt-Anzeiger am 11. September 1979. Die Spaziergänger ärgerten sich, dass die Züge mitten durch den Stadtwald fuhren, und die Autofahrer klagten, wenn sie von einem bimmelnden Güterzug aufgehalten wurden. Die herzliche Abneigung führte zum abenteuerlichen Plan, die Gleise für umgerechnet 100 Millionen Euro in einen tiefen Trog zu verlegen.

Die hochfliegenden Pläne für eine Tieferlegung sind aber Schnee von gestern, denn die Kassen waren damals leer. Nach wie vor gehört die Klüttenbahn zum Stadtteilbild. Wenn die Züge Richtung Stadtwald die Friedrich-Schmidt-Straße überqueren, bietet sich ein Bild wie für eine Modellbahn gemacht, weil die Schienen an einem zugewachsenen, denkmalgeschützten Bahnwärterhäuschen vorbeiführen.

Adresse Aachener Straße 458, 50933 Köln | **ÖPNV** Linie 1, Haltestelle Clarenbachstift (Fußweg 50 Meter) | **Tipp** Mit vielen Pokalen, Urkunden und einer umfangreichen Zeittafel huldigt der Fußballverein 1. FC Köln im FC-Museum des RheinEnergieStadions seiner ruhmreichen Vergangenheit.

42 Der Betriebshof Thielenbruch

Märchenbahnhof mit Museum

Es ist kurios: Die Vorortbahn, für die einst der Betriebshof Thielenbruch gebaut wurde, existiert längst nicht mehr, der »Märchenbahnhof«, wie ihn die KVB-Mitarbeiter nannten, legte indes eine »märchenhafte« Karriere hin. Alles begann im Jahre 1901, als die »Bahnen der Stadt Cöln« den Großteil der Pferdebahnen auf elektrischen Betrieb umstellten. Jetzt konnte das städtische Unternehmen weitere Bahnlinien in die Vororte bauen, um somit neue Wohn- und Gewerbegebiete außerhalb Kölns zu erschließen. Zu diesen Vorortbahnen zählte ab Dezember 1906 die Linie C (später G), die zwischen Dom und Hauptbahnhof von einer Brückenrampe über Deutz bis nach Bergisch Gladbach pendelte. Ab Holweide fuhr dann auf demselben Schienenweg die Linie D von Mülheim in die Kreisstadt. Betrieblicher Mittelpunkt beider Linien war der zeitgleich entstandene sechsgleisige Betriebshof Thielenbruch mit Fahrzeugdepot, Werkstatt und Dienstwohnungen.

Vom großstädtischen Köln aus gestartet, verwandelten sich die Linie C und D ab Thielenbruch in eine Wald- und Wiesenbahn, die das einstige Moorgebiet mit einer eingleisigen Trasse durchtrennte. Im Betriebshof, der mit Backsteingiebeln und Jugendstilfassade an ein verwunschenes Märchenschloss erinnert, herrschte so viel Hochbetrieb, dass ab 1926 eine neue Werkshalle hinzukam.

Dann aber kam das Ende: für die Linie G im November 1958 und für den Betriebshof im September 1994. Die Trasse wurde demontiert, der Betriebshof bereits 1985 unter Denkmalschutz gestellt. In der alten Wagenhalle enden jetzt die Stadtbahnlinien 3 und 18. An die Linie G erinnert nur noch der heutige Waldweg durch Thielenbruch, in der zweiten Wagenhalle erinnert ein Museum mit vielen historischen Fahrzeugen, Modellen und Infotafeln an die guten alten »Straßenbahnzeiten«.

Adresse Gemarkenstraße 131, 51061 Köln | **ÖPNV** Straßenbahnlinie 3 und 18, Haltestelle Thielenbruch | **Öffnungszeiten** Straßenbahnmuseum März – Dez. jeden 2. So im Monat 11 – 17 Uhr | **Tipp** An einstige Bergarbeiterzeiten bei Köln erinnert die Grube Franconia, im »Gänsebruch« an der Ecke Thielenbrucher Allee / Bergisch Gladbacher Straße, wo noch die typischen Vertiefungen zu sehen sind.

43__Der Bahnhof Deutz-Tief

Transporte in den Tod

»Über diese Treppe gingen viele Menschen in den Tod«, erinnert seit 1990 die Inschrift auf der Gedenktafel aus Sandstein. Die Treppe in den Tod führte zum Bahnhof Deutz-Tief, in dem heute die ICE-Züge auf den Gleisen 11 und 12 nach Dortmund, Nürnberg oder München fahren und in dem ein düsteres Kapitel Kölner Nazivergangenheit geschrieben wurde. Der Bahnhof Deutz-Tief als Bestandteil des heutigen Bahnhofs Köln Messe / Deutz war Nachfolger des einstigen Bahnhofs Schiffbrücke der Bergisch-Märkischen Eisenbahn, von dem aus die Fahrgäste am Deutzer Rheinufer entlang Richtung Kalk oder Mülheim reisten. Diese Trasse wurde von der Preußischen Staatsbahn dann an den 1913 fertiggestellten Bahnhof-Deutz angebunden.

Die seit 1933 in Deutschland regierenden Nationalsozialisten nutzten das nahe gelegene Messegelände seit 1939 zur Internierung von Zwangsarbeitern, als Sammelstelle für die Todeslager und als »Möbelhalle« für geraubtes jüdisches Eigentum. Der offiziell als Außenstelle des Konzentrationslagers Buchenwald fungierende Messebereich diente der Gestapo zudem als Hilfsgefängnis. Als am 1. September 1939 mit dem deutschen Überfall auf Polen der Zweite Weltkrieg begann, starteten zwei Jahre später die ersten Deportationen. Über 11.000 Juden sowie mehr als 1.500 Sinti und Roma aus dem »Zigeunerlager Schwarz-Weiß-Platz« in Köln-Bickendorf trieben die SS-Männer zu den Bahnsteigen von Deutz-Tief. Der letzte bekannte Todeszug fuhr am 1. Oktober 1944 ins KZ Theresienstadt.

Schlagzeilen machte der Bahnhof wieder im Jahr 1964, als hier der Portugiese Armando Rodrigues de Sá als der millionste Gastarbeiter mit einem Festakt offiziell begrüßt wurde. Später fuhren von Deutz aus die beliebten Autoreisezüge in die Urlaubsgebiete. Die Autozüge sind seit 2016 Geschichte. Das von der Stadt Köln errichtete Mahnmal wird hoffentlich ewig an die Transporte in den Tod erinnern.

Gedenktafel mit der Inschrift:

·AN·
DIESER STELLE
WAR DER AUFGANG ZUM
BAHNHOF DEUTZ-TIEF VON HIER AUS
WURDEN 1940/41 MEHR ALS 1500 SINTI
UND ROMA UND SEIT 1941 ÜBER 11000 JUDEN
IN KONZENTRATIONSLAGER DEPORTIERT.
ZUDEM WURDEN DIE HÄFTLINGE DES MESSELAGERS
DEUTZ HIER AN-UND ABTRANSPORTIERT.
ÜBER DIESE TREPPE GINGEN VIELE MENSCHEN
·IN·DEN·TOD·

Adresse Auenweg, 50679 Köln | **ÖPNV** S-Bahn 6, 11, 12, 13, 19, Haltestelle Köln Messe/
Deutz, die Gedenktafel befindet sich an der Unterführung der Gleise 11 und 12 | **Tipp** »Well-
ness pur« bietet die Claudius-Therme direkt an der Zoobrücke. Danach können Erholungsuchende im angrenzenden Rheinpark noch einen Spaziergang durchs Grüne machen.

44__Der Bahnhof Schiffbrücke

Das große Jammern ist vorbei

Es war eine Entdeckung, die im Sommer 2010 bei Eisenbahnfreunden für Aufsehen sorgte. Bei der Umgestaltung des rechten Rheinufers zwischen Deutzer und Hohenzollernbrücke wurden Überreste eines Bahnhofs freigelegt, der einst den Stadtteil prägte und für großes Jammern sorgte.

Der Bahnhof Schiffbrücke entstand 1882, weil die Bergisch-Märkische Eisenbahngesellschaft (BME) ihre Stammstrecke zwischen Wuppertal und dem heutigen Köln-Mülheim nach Deutz verlängern wollte. Der Konkurrent, die Köln-Mindener Eisenbahn (KME), verweigerte eine Mitnutzung seines Deutzer Bahnhofs, und so baute die BME eine eigene Station. Weil der erste BME-Bahnhof 1872 im Bereich der Deutzer Festung entstand, führte die Trasse zum neuen Bahnhof am Rheinufer entlang. Viel Platz war dort nicht, weshalb die BME das ehemalige Hotel Bellevue zum Bahnhof mit Drehscheibe umfunktionierte. Neben der Dombrücke für die Eisenbahn gab es in Deutz noch die Schiffbrücke für die Fußgänger, die als Namensgeber für den neuen Bahnhof fungierte. Das Hotel Bellevue (= schöner Blick) wiederum machte seinem Namen alle Ehre, denn vom Dach aus konnten Fahrgäste das Rheinpanorama genießen. Dieser Genuss blieb den Deutzer Bürgern verwehrt, denn die Bahntrasse wurde auf einem hohen Damm errichtet, der das gesamte Deutzer Rheinufer umspannte und ab 1886 zum Bahnhof Kalk-Süd führte. Entsprechend wütend waren die Deutzer über diese »Blickdichte«, durch die der Damm als »Deutzer Eisenbahnjammer« bekannt wurde.

Das Jammern war 1913 vorbei, als der Bahnhof geschlossen und die Gleise als »Deutz-Tief« an den Bahnhof Köln Messe / Deutz angeschlossen wurden. Der Bahnhof Schiffbrücke wurde zu einer Uferpromenade umgestaltet, Bahndamm und Drehscheibe verschwanden im Untergrund. Glücklicherweise entschloss sich die Stadt nach der Freilegung, zumindest zwei Bahndammbögen in den neuen Rheinboulevard zu integrieren.

Adresse Urbanstraße 1, 50679 Köln | **ÖPNV** Straßenbahnlinie 1, 7, 9, Haltestelle Deutzer Freiheit (Fußweg 500 Meter) | **Tipp** Nur ein paar Schritte entfernt liegt die Abtei Deutz, früher ein Benediktinerkloster. Das frühere Klostergebäude ist heute ein Seniorenheim, während die Kirche von der griechisch-orthodoxen Gemeinde Kölns genutzt wird.

45 Die Rheinparkbahn

Eine Reise zum Rosengarten

»Nicht hinauslehnen« soll sich der Fahrgast laut Hinweisschild, und das Blumenpflücken ist ebenfalls nicht zu empfehlen. Zwar zuckelt die Kleinbahn nur mit zwölf Kilometer Höchstgeschwindigkeit über die rund zwei Kilometer lange Strecke im Kölner Rheinpark, aber für ordentlichen Fahrtwind reicht das allemal.

Die Kleinbahn ist seit 1971 ein Wahrzeichen der Parklandschaft zwischen Rhein und Auenweg. Die Geschichte dieser Minibahn beginnt aber bereits 1950. In diesem Jahr wurde zum 1.900-jährigen Stadtjubiläum im Rheinpark eine Strecke mit 381 Millimeter Spurbreite angelegt, auf der von Mai bis Oktober drei Mini-Dampfloks der Köln-Frechen-Benzelrather Eisenbahn ihre Runden drehten. Sieben Jahre später feierten die drei Liliputloks »Rosenkavalier«, »Männertreu« und »Fleißig' Lies'chen« zur Bundesgartenschau ein Comeback. Rund eine Million Fahrgäste genossen in diesem Sommer die lauschige Fahrt durch die Blumenbeete. Unter den Fahrgästen befand sich auch der damalige Bundespräsident Theodor Heuss.

Bis 1959 waren die von den Kölner Verkehrs-Betrieben unterhaltenen Loks im Einsatz, dann wurde den »Liliputanern« der Stecker gezogen. Zwölf Jahre später kehrte die Bundesgartenschau in den Rheinpark zurück und mit ihr auch die Kleinbahn. Auf der neuen Strecke der Parkeisenbahn, jetzt mit 600 Millimeter Spurbreite, fuhren zunächst sogenannte Porsche-Lokomotiven, die entfernt an den Trans-Europa-Express erinnern. Später kamen noch eine Diema-Diesellok und zwei Westernloks hinzu. Die Wagen können bis zu 80 Personen mitnehmen, die vom zweigleisigen Bahnhof »Tanzbrunnen« zu der rund 15-minütigen Rundfahrt starten. Weitere Haltepunkte der Parkbahn sind an der »Claudius-Therme« und am »Rosengarten«. Vor dem Zugverkehr warnen an den 23 Bahnübergängen Andreaskreuze und zur Freude der kleinen Fahrgäste der Lokführer mit lautem Tuten.

Adresse Auenweg, 50679 Köln | **ÖPNV** Bus 159, Haltestelle Im Rheinpark (Fußweg 200 Meter) | **Öffnungszeiten** Mitte März–Ende Okt. 11–18 Uhr | **Tipp** Kühle Drinks im warmen Sand unter schattigen Palmen mit Blick auf den Rhein bietet im Sommer der Km 689 – Cologne Beach Club.

46 Die Bayer-Werksbahn

Der »Aspirin-Express«

Der Dorfkern von Flittard verströmt mit seinen Geschäften und einem Eiscafé eine Atmosphäre klassischer Beschaulichkeit. Doch die angenehme Ruhe wird täglich von Güterzuggeräuschen unterbrochen. Regelmäßig verkehren seit über 100 Jahren die Züge der Bayer-Werke zwischen dem heutigen »Chempark Leverkusen« und den Rangierbahnhöfen in Köln-Kalk und Köln-Gremberg. Die Gleise führen in Köln-Stammheim durchs freie Feld und in Flittard zwischen Alleen hindurch, mitten durch Wohngebiete und ganz dicht an einem Supermarkt vorbei. Dort sichern zwei Andreaskreuze den Bahnübergang an einem Fußweg in die angrenzende Siedlung. Über die Schrankenanlage Everger- und Roggendorfstraße fahren die Güterzüge dann direkt in das weitverzweigte Gleisnetz des Chemieunternehmens hinein.

Dass zwischen Köln-Mülheim und Leverkusen sogar einst Personenzüge fuhren, wissen wahrscheinlich nur noch Flittards Dorfälteste. Tatsächlich diente die 1898 eröffnete Kleinbahn zwischen dem Staatsbahnhof Mülheim und dem betriebseigenen Bayer-Bahnhof dazu, Werktätige von ihren Wohnungen zu ihren Arbeitsplätzen zu befördern. Allerdings konnten auf der offiziellen Kursbuchstrecke auch »normale« Mitbürger mitfahren – und in Flittard einsteigen, denn das frühere Bauern- und Fischerdorf besaß einst an der Paulinenhofstraße einen Bahnhof. Von der Bevölkerung bekamen die ab den 1960er Jahren eingesetzten Dieseltriebwagen den Spitznamen »Aspirin-Express«, weil in den Fahrgasträumen die Werbetafeln für die Anti-Kopfschmerz-Tablette allgegenwärtig waren.

Kopfschmerzen bereiteten dem Betreiber jedoch die sinkenden Fahrgastzahlen, sodass die Tabletten-Triebwagen am 31. August 1972 ausgedient hatten. Der verbliebene Güterverkehr auf der rund sechs Kilometer langen Strecke ist Teil eines riesigen Logistiknetzes, das mit zahlreichen Diesel- und Hybridloks sowie flexiblen Zweiwegefahrzeugen befahren wird.

Adresse Evergerstraße, 51061 Köln | **ÖPNV** Bus 151, 152, Haltestelle Edelhofstraße (Fußweg 100 Meter) | **Tipp** Im Schatten von 200-jährigen Baumriesen kann man im Schlosspark Stammheim zahlreiche Skulpturen regionaler und internationaler Künstler betrachten.

47 Das Alweg-Testgelände

Visionen »made in Fühlingen«

Was von den Visionen in Köln übrig blieb, ist eine 25 Meter lange und 40 Zentimeter hohe Mauer an der Neusser Landstraße. Selbst dieses Relikt am Ortseingang von Fühlingen können Autofahrer leicht übersehen, dabei gehörte der Torso einst zu einer gigantischen Anlage. Denn in den 1950er Jahren überquerte die einschienige »Alweg-Bahn« die Neusser Landstraße, und die Mauer diente als Sockel eines Zauns, der das Testgelände vor neugierigen Blicken abschirmte.

Die Fühlinger Heide war der perfekte Ort für das Vorhaben der eigens gegründeten »Verkehrsbahn-Studiengesellschaft«, die hier 1952 ein erstes Versuchsgelände anlegte. Die Öffentlichkeit staunte, als die Magnetschienenbahn am 8. Oktober 1952 erstmals vorgestellt wurde. Eigentümer war Axel Lennart Wenner-Gren, aus dessen Anfangsbuchstaben sich der Name ALWEG zusammensetzte. Der schwedische Großindustrielle begrüßte zu diesem Termin sogar Wirtschaftsminister Ludwig Erhard. »Sie stellen ja die ganze Welt auf den Kopf«, lobte Erhard.

Dem Lob von höchster Stelle folgte der Bau einer größeren Teststrecke mit Bahnhof, Weichentestanlage und Steuerturm – ein beliebtes Fotomotiv. Jetzt konnten auch Passagiere die 130 Stundenkilometer schnelle Fahrt mit der »Eisenbahn 2000« auf den pfeilergestützten Betonschienen genießen. Selbst Walt Disney war 1959 bei einem Besuch von der Betonbahn so fasziniert, dass er ein kleineres Modell für sein erstes »Disneyland« baute. Strecken, wie zum Beispiel von Köln-Chorweiler zum Hauptbahnhof oder von Leverkusen nach Köln-Mülheim, schienen zum Greifen nah, doch die Stadtverwaltung entschied sich für den U-Bahn-Bau. Wenner-Grens Fühlinger Visionen waren zumindest in Köln gescheitert, und das Testgelände musste 1967 dem Fühlinger See weichen. Viele Eisenbahnnostalgiker haben die Bahn nicht vergessen: Eine Spielzeug-Version der 1960er Jahre erzielt bei Auktionen regelmäßig Höchstpreise.

Adresse Neusser Landstraße, 50769 Köln | **ÖPNV** Bus 120, Haltestelle Haus Fühlingen (Fußweg 500 Meter) | **Tipp** Mindestens drei Todesfälle soll das Haus Fühlingen erlebt haben, das seit 2000 leer steht und in dem es angeblich spukt.

48__Der Rheinhafen Godorf

Eine Trasse zum »Tonnen-Millionär«

Das Jahr 1952 war ein Rekordjahr für Godorf: Rund 3,6 Millionen Tonnen an Gütern wurden damals in diesem Rheinhafen, der zunächst »Wesselinger Hafen« hieß, verschifft. Kein Wunder, dass der Umschlagort den ehrenvollen Spitznamen »Tonnen-Millionär« erhielt. Großen Anteil an diesem Millionenerfolg hatte die Eisenbahn, die seit 1901 per Güterwagen Briketts an den Hafen transportierte.

Die Trasse zum »Tonnen-Millionär« entstand aus der im März 1901 fertiggestellten »Querbahn« von Brühl-Vochem nach Godorf, die zum Stammnetz der Köln-Bonner Eisenbahnen gehörte. Der dazugehörige Hafen konnte allerdings wegen eines Hochwassers erst im November eröffnet werden. Und es gab weitere Probleme, denn das Verladen der Briketts über Rutschen scheiterte ebenso wie mit Draht oder Greifern. Erst durch speziell entwickelte Kübelwagen startete der Brikett-Betrieb richtig durch. Der Brikett-Boom neigte sich ab den 1960er Jahren aber dem Ende zu, die Hafenbetreiber fanden mit dem Öl ein neues »schwarzes Gold«. Auch die Eisenbahn profitierte vom Ölfieber und erhielt im Hafen zusätzliche Gleisanschlüsse zu den neuen Raffinerien.

Der umschlagstärkste Hafen Kölns, zunächst nur ein reiner Umschlagort am offenen Strom, wurde zudem bis 1960 um drei zusätzliche Hafenbecken erweitert. Der heutige Betreiber, die »Häfen und Güterverkehr Köln AG«, plant einen weiteren Ausbau, was aber bei Umweltschützern auf massive Kritik stößt. Die Querbahn transportiert seit Mai 1981 nur noch Güter und keine Personen mehr, was viele Menschen in der Region bedauern. Immerhin hält am Bahnhof Godorf aber noch die Stadtbahnlinie 16 der ehemaligen Rheinuferbahn. Neben dem Güterverkehr ist der Hafen immer wieder das Ziel von Museumsfahrten, auch der legendäre Rheingold-Zug war in Godorf schon zu Gast. Den besten Blick auf das geschäftige Gütergeschehen hat der Betrachter auf Höhe des Rangierbahnhofs Degussa.

Adresse Industriestraße, 50997 Köln | **ÖPNV** Straßenbahnlinie 16, Haltestelle Godorf Bf (Fußweg 800 Meter) | **Tipp** Hinter den Industrieanlagen in Wesseling beginnt die Rhein-uferpromenade, wo die Rheinfähre »Marienfels« ihre Fahrgäste zum rechtsrheinischen Lülsdorf befördert. Dort bietet das Naturschutzgebiet einen Wanderweg mit Urwaldflair.

49__Der Haltepunkt Holweide

Der »Willy-Röhrig-Gedächtnisbahnhof«

Wir schreiben das Jahr 1950: In den Kölner Stadtteilen Dellbrück, Höhenhaus und Holweide ist das Fußballfieber ausgebrochen. Die Fans fiebern aber nicht etwa mit dem 1. FC Köln. Nein, der Club ihrer Leidenschaft heißt Preußen Dellbrück. Der Stadtteilclub von der »Schäl Sick« entpuppt sich in der Saison 1949/50 in Fußballdeutschland als Sensation. Mit Spielern wie dem Nationaltorhüter Fritz Herkenrath schafften die Preußen in der Oberliga West, damals die höchste Spielklasse, hinter Borussia Dortmund die Vizemeisterschaft. Der große Nachbar 1. FC Köln hingegen kam nur mit Ach und Krach auf Platz fünf.

Die Preußen-Power setzte sich in der Endrunde um die Deutsche Meisterschaft fort. Die wackeren Dellbrücker besiegten im Achtelfinale den SSV Reutlingen und danach den VfR Mannheim. Die Kölner Fans fuhren mit Sonderzügen zu den Spielen nach Koblenz, Frankfurt und Stuttgart. In die Freude über den Höhenflug der Preußen mischte sich in Holweide aber der Frust. Die Holweider mussten für die Zugfahrt zum weit entfernten Bahnhof Dellbrück laufen, der zur Verbindung von Köln-Kalk nach Lindlar zählte. Diesen weiten Weg wollten die Anhänger nicht länger gehen. Preußen-Vorstand und Bauunternehmer Willy Röhrig beantragte bei der Bundesbahn deshalb einen Haltepunkt für Holweide.

Und die Bundesbahn stimmte dem Antrag tatsächlich zu, verlangte aber am vorgesehenen Standort zumindest eine provisorische Rampe für den Ein- und Ausstieg. Röhrig karrte kurzerhand aus seiner Kiesgrube das Baumaterial heran. Nach zahlreichen Überstunden der Holweider Fußballfans war der Bahnsteig in Rekordzeit fertig und von der Bundesbahn abgenommen. Die Preußen scheiterten dann aber im Halbfinale an Kickers Offenbach und sind heute nur noch Fußballgeschichte. Der »Willy-Röhrig-Gedächtnisbahnhof« steht hingegen als S-Bahn-Haltepunkt Holweide immer noch im Fahrplan der S-Bahn-Linie 11.

Adresse Gerhart-Hauptmann-Straße, 51067 Köln | **ÖPNV** S-Bahn 11, Haltestelle Holweide | **Tipp** Rund zwei Kilometer vom Haltepunkt entfernt feierte Preußen Dellbrück auf dem Sportplatz »Et Höffge« seine fußballerischen Triumphe. Am Preußen-Dellbrück-Weg erinnert heute eine Gedenktafel an die ruhmreichen Zeiten.

50__Der Bahnhof Köln-Kalk

Aus dem Stadtteil verschwunden

Wohin die Menschen in Kalk auch wollten, sie mussten eine Bahnunterführung überqueren. So war die Situation Anfang des 20. Jahrhunderts, als in Kalk alle niveaugleichen Bahnübergänge auf Dämme hochgelegt wurden. In Kalk betraf das den Rangierbahnhof Kalk-Nord, der aus dem »Rheinischen Bahnhof« an der oberen Kalker Hauptstraße entstanden war und an dessen Stelle sich heute ein Discounter befindet. Es gab ein Bahnbetriebswerk und bereits den Bahnhof »Deutzer Feld«. Und es gab an der Gottfried-Hagen-Straße den Bahnhof Kalk-Süd, der am Schnittpunkt der Linien Deutz–Gießen und Gruiten–Kalk lag. Dieser Bahnhof, der 1919 in Köln-Kalk umbenannt wurde, ist längst aus dem Stadtteilbild verschwunden. Nur noch drei Ornamente im Bahndamm am ehemaligen Bahnhofsvorplatz erinnern an diese Eisenbahnära.

Die drei bronzefarbenen Ornamente befanden sich am einstigen Bahnhof, der am 20. Mai 1909, nach dem Abriss des bereits 1886 fertiggestellten Vorgängers, neu eröffnet wurde. Der neue Bahnhof bestand aus einem großen Empfangsgebäude mit acht Personengleisen, zwei Bahnsteigen, fünf Aufstellgleisen und einem Güterbahnhof. So prächtig der Bahnhof optisch auch ausgefallen war, so ungünstig lag er, da weit vom eigentlichen Ortskern entfernt.

Wegen seiner strategischen Bedeutung war der Bahnhof während des Zweiten Weltkriegs wiederholt das Ziel von Luftangriffen. Eine Gleitminenbombe zerstörte am 28. Mai 1944 das Empfangsgebäude, das erst 1969 durch einen nüchternen Zweckbau ersetzt wurde. Die Kalker konnten sich mit diesem Bahnhof nie anfreunden, und bereits am 1. Mai 1979 wurde die Fahrkartenausgabe geschlossen. Der Schlusspunkt folgte am 2. Juni 1991, als der Bahnhof auch für die S-Bahn aufgegeben wurde. Während am heutigen Haltepunkt »Trimbornstraße« die S-Bahn-Linien S 12 und S 13 sowie die Regionalbahn halten, ist der Bahnhof Köln-Kalk längst in Vergessenheit geraten.

Adresse Gottfried-Hagen-Straße, 51105 Köln | **ÖPNV** Bus 159, Haltestelle Wattstraße (Fußweg 400 Meter) | **Tipp** Herausragend im wahrsten Sinne des Wortes ist der Wasserturm in Kalk. Einst ein Wasserspender für die damalige Sodafabrik, steht der 47 Meter hohe Turm heute als steinerner Portier vor dem Eingang eines Einkaufszentrums.

51 Das Rheinische Industriebahn-Museum

Abenteuerspielplatz für Erwachsene

Die S 3/6 war ebenso schon zu Gast wie die 503610 oder die 011066. Hinter den vermeintlichen Zahlencodes verbergen sich die Betriebsnummern historischer Dampfloks von Eisenbahnvereinen, die das ehemalige Bahnbetriebswerk immer mal wieder auf Schienen besuchen. In dem großen Industriedenkmal kümmern sich die rund 40 Mitglieder des Rheinischen Industriebahn-Museums darum, ausrangierte Loks aus der Region wieder betriebsfähig zu machen. Das mit rund 40.000 Quadratmetern weitläufige Gelände bietet mit seinen großen Hallen, einer Drehscheibe und Schiebebühne beste Bedingungen für dieses ehrgeizige und mitunter kostspielige Ziel.

Davon überzeugen sich Besucher gern vor Ort bei den regelmäßigen Eisenbahntagen. Dann öffnet sich ein in Köln einmaliges Eldorado lebendiger Schienengeschichte: Kleine Eisenbahnfans können nicht nur die großen Vorbilder bestaunen, sondern per Gartenbahn selbst einmal Lokführer spielen. In der Wagenhalle bewundern die Erwachsenen das rollende Material vergangener Jahrhunderte, während in der Werkstatthalle die Feldbahnen von den Zeiten unter Tage erzählen. Mit der Feldbahn können Besucher zudem auf das frühere Betriebsgelände fahren und im Führerstand einer Diesellok die Welt aus der Perspektive des Lokführers betrachten. Das Außengelände gleicht mit seinem Sammelsurium von Flügelsignalen, Schienen verschiedener Spurgrößen und uralten Grubenloren einem Abenteuerspielplatz für Erwachsene.

Ein Abenteuerspielplatz mit Anschluss an die großen Bahnen: An seinen Fahrtagen nutzt der Verein mit dem Rheingold-Zug die Trasse der Staatsbahn von Köln nach Nijmegen sowie der Häfen und Güterverkehr Köln AG. Und es regiert nicht nur reine Nostalgie: In unmittelbarer Nachbarschaft entstanden seit 2013 ein S-Bahn- sowie ein ICE-Betriebswerk.

Adresse Longericher Straße 214, 50739 Köln | **ÖPNV** Bus 121, Haltestelle Sankt-Vinzenz-Hospital (Fußweg 600 Meter) | **Öffnungszeiten** einmal monatlich So 11–17 Uhr, Infos auf www.rimkoeln.de | **Tipp** Wie der Name schon verrät, waren im Tagelöhner-häuschen die Tagelöhner untergebracht. Das Häuschen Nummer 15 liegt an der Straße »An der Bude« und ist noch original erhalten.

52 Das Pferdebahndepot

Ein Relikt des »Ross-Express«

Der Betrachter muss schon genau hinsehen, um zu erkennen, dass sich im August-Bebel-Haus einst ein Pferdebahndepot befand. An der zweigeschossigen Fassade erinnern nur zwei weiße Pferdeköpfe aus Stuck an den einstigen »Ross-Express«.

Weil die – in Köln ab 1840 zunächst privat betriebenen – Pferde-Omnibusse zu sehr bummelten und meist hoffnungslos überfüllt waren, suchten die Stadtväter nach einer besseren Lösung für die innerstädtischen Verkehrsprobleme. In New York, Paris und Hamburg waren von Rössern gezogene Straßenbahnen bereits der Renner. Als erste Strecke entstand ab dem 20. Mai 1877 die Verbindung zwischen Deutz und Kalk. Bald wurden immer mehr Schienen durch die Stadt verlegt, auch die Bewohner im Rechtsrheinischen warteten auf das neue Verkehrsmittel. Besonders die Eisenbahn- und Maschinenfabrik »Van der Zypen & Charlier« drängte auf eine Pferdebahn zwischen Deutz und der damals noch selbstständigen Stadt Mülheim. Dem Drängen gab die Stadt schließlich nach, und am 13. September 1879 trabten die ersten Pferde auf der Teilstrecke zwischen der Deutzer Schiffbrücke und der Charlier-Fabrik an der Mülheimer Straße. Nur knapp einen Monat später erreichte die »Päädsbahn« die Landungsbrücke der Lokalschifffahrt Mülheim–Köln an der heutigen Mülheimer Brücke. Mit einer Wendeschleife in der Mülheimer Innenstadt war diese Verbindung vollendet. Um den fleißigen Pferden lange Wege zu den Ställen zu ersparen, bauten die Betreiber ein dichtes Netz von Depots, unter anderem auch an der Mülheimer Freiheit.

Die Ära der Pferdebahnen endete 1907 mit der vollendeten Elektrifizierung der Schienenwege. In Mülheim postierten sich die Bediensteten bereits 1903 zur letzten Fahrt. Das Depot wurde im Zweiten Weltkrieg teilweise zerstört, ehe hier 1958 eines der ersten Jugendzentren Kölns entstand, das sich mittlerweile als »Haus der Generationen« definiert.

Adresse Krahnenstraße 1, 51063 Köln | **ÖPNV** Straßenbahnlinie 4, Haltestelle Keupstraße (Fußweg 400 Meter) | **Tipp** Die Werft der Firma Felten & Guilleaume am Mülheimer Rheinufer stand auf einer Brückenkonstruktion, die von 14 imposanten Rundbögen getragen wird. Die Werft ist schon längst Geschichte, aber die Schienen der Werftkräne sind noch zu sehen.

53__Der Wiener Platz

Der große »Bahnhofskrieg«

»Diese Zustände sind in solchem Maße abnorm, dass wir schon in der Befreiung von denselben auch nur für eine Zeit von etlichen Jahren einen wesentlichen Gewinn erkennen«, erklärte Daniel von der Heydt im Oktober 1869. Worüber sich der Aufsichtsratsvorsitzende der Bergisch-Märkischen Eisenbahngesellschaft (BME) so ereiferte: Seit dem 8. April 1868 erreichten die Personenzüge der BME-Verbindung Elberfeld–Opladen den neuen Endbahnhof in der damals noch selbstständigen Stadt Mülheim am Rhein – bereits seit dem 20. Dezember 1845 hatte aber dort der Konkurrent, die Köln-Mindener Eisenbahngesellschaft (KME), für ihre Stammstrecke eine Station angelegt.

Fortan lebten die beiden Erzfeinde zwischen Frankfurter und Buchheimer Straße in schlechter Nachbarschaft. Weil die BME-Strecke vorläufig in Mülheim endete, war die BME auf die KME angewiesen, um ihre Fahrgäste über Deutz bis zum damaligen Centralbahnhof zu befördern. Die KME dachte aber nicht daran, dem Rivalen entsprechende Anschlusszüge bereitzustellen. Die arg versalzene Suppe löffelten die Fahrgäste aus, die entweder zu Fuß oder mit der Droschke weiterreisen mussten. Die »Befreiung« von den »abnormen Zuständen«, wie von der Heydt sie nannte, gelang erst, als die BME den Weiterbau der Strecke nach Deutz am 1. Februar 1872 fertigstellte.

Die Uhr lief aber für beide Gesellschaften durch die Verstaatlichung kurz darauf ab. Die Mülheimer waren nie begeistert gewesen, dass mitten durch die Stadt gleich zwei Bahnstrecken verliefen. Die Bürger atmeten deshalb auf, als die Staatsbahn beide Bahnhöfe in den Bahnhof der Rheinischen Eisenbahngesellschaft an der Montanusstraße integrierte. Der neue Staatsbahnhof wurde am 1. Juli 1909 eröffnet. Wo sich einst KME und BME heftig stritten, hält jetzt an der Station »Wiener Platz« die Stadtbahnlinie 4; sonst hat der »Bahnhofskrieg« dort keine Spuren hinterlassen.

Adresse Wiener Platz, 51065 Köln | **ÖPNV** Straßenbahnlinie 4, 13, 18, Bus 151, 152, 153, 159, 190, Haltestelle Wiener Platz | **Tipp** Der Pelikan mit den ausgebreiteten Schwingen ist heute noch über dem Türbogen des Hauses »Zum goldenen Pelikan« zu erkennen. Die benachbarte Gaststätte warb jahrelang mit einer Spezialität namens »Pelikan-Steak«.

54 Der Bahnhof Belvedere

Ein Bahnhof zur Belustigung

Kein Güterschuppen, kein Bahnsteig, kein Gleisbett: Auf den ersten Blick mutet das Gebäude gar nicht wie ein Bahnhof an. Und doch ist die einstige Station im Stil einer Landhausvilla ein »Baudenkmal von nationaler Bedeutung« und kann mit gleich zwei Superlativen aufwarten: Es ist das älteste erhaltene Bahnhofsgebäude Deutschlands an der weltweit ältesten grenzüberschreitenden Eisenbahnstrecke, in diesem Fall von Köln nach Antwerpen.

Warum der Bahnhof gar nicht wie einer aussieht, liegt daran, dass das heutige Industriedenkmal in der Frühzeit der Eisenbahnzeit entstand. Damals wusste keiner in Deutschland, wie ein Bahnhof überhaupt auszusehen hatte. Also griffen die Planer auf die bereits bekannten Formen der Poststationen zurück. Der am 2. August 1839 fertiggestellte Bau, genau passend zur Eröffnung des ersten Teilabschnitts von Köln bis Müngersdorf, sollte zudem den Kölnern zur »Belustigung« dienen. Deshalb gehörten zum Bahnhof Belvedere (= Zur schönen Aussicht) eine großzügige Parkanlage sowie eine Gaststätte samt Aussichtsbalkon mit Blick auf Köln.

Die Zugfahrt vom Bahnhof »Am Thürmchen« nach Müngersdorf dauerte zehn Minuten und grenzte für die Fahrgäste damals an Hexerei. Der Bahnhof lag erhöht hinter einem Serpentinenweg, weil die Loks damals noch keine Steigung schafften. In den ersten drei Monaten besuchten 50.000 Ausflügler den »Lustbahnhof«. Bald aber war den Kölnern die Lust vergangen, und der Bahnhof wurde stillgelegt.

Das war sein großes Glück, weil große Umbauten unterblieben. Die Stadt Köln als neuer Besitzer verwendete das Gebäude dann ab 1892 unter anderem als Bürgermeisteramt und Dienstwohnung. Nachdem der Künstler Günter Maas 2009 ausgezogen war, drohte das Belvedere zu verfallen. Deshalb gründete sich im Dezember 2010 ein Förderkreis. Mit Mitteln der Stadt und der NRW-Stiftung soll im Belvedere langfristig ein »Ort der Kultur, Bildung und Begegnung« entstehen.

Adresse Belvederestraße 147, 50933 Köln | **ÖPNV** Bus 144, Haltestelle Belvederestraße (Fußweg 450 Meter) | **Öffnungszeiten** Der Förderkreis Bahnhof Belvedere bietet immer am letzten Samstag des Monats um 15.30 Uhr eine Führung an. Anmeldungen unter info@bahnhof-belvedere.de oder Tel. 02234/948598. | **Tipp** Komplett quadratisch ist das »Haus ohne Eigenschaften«, das für den Erschaffer Oswald Mathias Ungers sozusagen »Architektur pur« war und an dem es keine Hausnummer und kein Namensschild an der Klingel gibt.

55__Die »Donnerbüchse«

Die Liebe eines Lokführers

Ein kleines Dorf, umgeben von einer Gebirgslandschaft, die nur mit einer Seilbahn erreicht werden kann. Es ist Winter, und tapfer kämpft sich der Glacier Express durch das verschneite »Wintertal«. So heißt die Modellbahnlandschaft, die in der »Donnerbüchse« zu bestaunen ist. »Donnerbüchse« nennt sich das Modelleisenbahngeschäft, das Mike Simon 2011 eröffnete. Der Name ergab sich beim täglichen Blick aus dem Fenster, wo Simon immer auf die ausrangierte »Donnerbüchse« eines Jugendzentrums blickte.

»Donnerbüchsen« hießen im Volksmund die Personenwagen, die wegen fehlender Dämmung bei der Zugfahrt heftig donnerten. Die Ära dieser rumpelnden Reisewagen endete in den 1970er Jahren. Ungefähr zu dieser Zeit eröffnete Norbert Kailun in der Weidengasse seinen »Modellbahn An- und Verkauf«. Nicht zuletzt durch Kailuns Wunderwelt erwachte im kleinen Mike der Wunsch, Eisenbahner zu werden. »Schon als kleiner Junge habe ich mir an den Schaufenstern der Modelleisenbahngeschäfte die Nase platt gedrückt«, erinnert sich der Modellbahnexperte. Simon begann bei der Bundesbahn eine Ausbildung zum Lokführer: »Da wurde festgestellt, dass ich farbenblind bin.« Aus der Traum vom Eisenbahner, aber nicht die Liebe zur Modelleisenbahn. Als sich Kailun Weihnachten 2011 zurückzog, übernahm Simon den Laden samt Inventar. Das Geschäft zog in die Vogteistraße und präsentiert auf über 130 Quadratmetern die neuen Digitalmodelle, aber auch seltene Schätzchen wie altes Blechspielzeug.

Bekanntlich ist die Modelleisenbahnwelt schon länger eine Krisenbranche, die Nachwuchsprobleme beklagt. Simons Mitarbeiter sprechen deshalb bewusst die Sprache der Jugend, zudem werden regelmäßig Schul-AGs mit Zubehör unterstützt. Als Besitzer einer eigenen Anlage weiß Simon, dass die Modelleisenbahn für viele mehr als ein Hobby ist: »Sie hat für Sammler auch einen ganz besonderen Wert.«

Adresse Vogteistraße 18, 50670 Köln | **ÖPNV** S-Bahn 6, 11, 12, 13, 19, RB 25, Straßen-
bahnlinie 12, 15, 18, Haltestelle Köln Hansaring (Fußweg 250 Meter) | **Öffnungszeiten**
Di–Fr 10–18.30 Uhr, Sa 10–16 Uhr, Nov.–Dez. Sa 10–18.30 Uhr | **Tipp** Wer Erholung
vom Großstadtstress sucht, findet im kleinen Park an der Gereonsmühle immer ein Ruhe-
plätzchen und kann beim Blick auf die mittelalterliche Stadtmauer gedanklich in die
Vergangenheit Kölns eintauchen.

56 Die Ludolf-Camphausen-Straße

Der Vater des »Eisernen Rheins«

Ludolf Camphausen, einer der großen Eisenbahnpioniere des Rheinlands, beschäftigte sich bereits mit Schienenwegen, als auf den unbefestigten Straßen noch die Pferdefuhrwerke rollten. Die nach ihm benannte Straße zwischen Venloer und Vogelsanger Straße verläuft rund 300 Meter parallel zur linksrheinischen Bahnstrecke von Köln nach Mainz, an deren Entstehung der Namensgeber indirekt beteiligt war.

Camphausen kam 1803 in Hünshoven bei Geilenkirchen als Sohn eines Kaufmanns auf die Welt, der mit Öl und Tabakwaren handelte. Mit 18 Jahren trat er in das Geschäft seines Vaters ein und siedelte 1831 nach Köln über. In der Domstadt erweiterte er das elterliche Geschäft um ein Bankhaus und gewann als Ratsmitglied und Präsident der Handelskammer rasch politischen Einfluss.

Schon früh erkannte Camphausen das Potenzial der Eisenbahn für die wirtschaftliche Entwicklung der Region. Mit seiner 1833 erschienenen Denkschrift »Zur Eisenbahn von Köln nach Antwerpen« verfasste er den theoretischen Humus für den »Eisernen Rhein«, der das Rheinland per Eisenbahn mit Belgien und Holland verbinden sollte. König Friedrich Wilhelm III. genehmigte den Streckenbau, und Camphausen gründete mit dem Aachener David Hansemann im Juli 1835 die Rheinische Eisenbahngesellschaft. Weil die geplante Linienführung aber Aachen ignorierte, torpedierte Hansemann plötzlich die Pläne. Am Ende gewann Hansemann den Streit, und Camphausen zog sich verbittert aus der Gesellschaft zurück.

Mit der Fertigstellung der Strecke Köln–Antwerpen am 15. Oktober 1843 wurde seine Vision dennoch realisiert. Seine ehemalige Gesellschaft übernahm zudem im Januar 1857 mit der Cöln-Bonner Eisenbahn den Eigentümer der linken Rheinstrecke, deren Bau Camphausen ebenfalls unterstützt hatte.

Adresse Ludolf-Camphausen-Straße, 50672 Köln | **ÖPNV** Straßenbahnlinie 3, 4, 5, RE 22, RB 24, RB 26, RB 48, Haltestelle Bahnhof Köln West (Fußweg 50 Meter) | **Tipp** In Richtung Mediapark befindet sich am Herkulesberg eine Fußgängerbrücke, die Eisenbahnfans eine Gelegenheit bietet, die darunterfahrenden Züge zu fotografieren.

57 __ Der Rheinauhafen
Überwuchert, verschlossen und vergessen

Seit dem neuen Jahrtausend ist der Rheinauhafen mit seinen Luxuswohnungen, Sportanlagen und Gewerbeflächen ein Multifunktionsboulevard mit Reminiszenzen an die Vergangenheit. Einige Gebäude, Kräne und die Infotafeln weisen darauf hin, dass hier einst nicht Menschen flanierten, Skateboard fuhren oder Volleyball spielten, sondern Güterzüge Waren transportierten.

Nur ein paar Schienenreste im Kopfsteinpflaster, ein ehemaliger Lokschuppen und ein Grenzschild erinnern daran, dass der Rheinauhafen einst von umfangreichen Gleisanlagen durchsetzt war. Ein weiteres Relikt ist nur mit historischem Wissen erkennbar: Das Tor der früheren Hafeneinfahrt öffnete sich einst für Züge, die zwischen dem Rheinauhafen und dem Güterbahnhof Köln-Bonntor pendelten.

Angefangen hatte die Hafenherrlichkeit am 3. Juni 1891, als die Stadt beschloss, den Rheinauhafen auszubauen. Bereits sieben Jahre später wurde der erweiterte Rheinauhafen offiziell eröffnet. Für die Güterverladung vom Schiff auf die Schiene, die bei den Vorplanungen eine große Rolle spielte, waren unter anderem drei Stellwerke, Lokschuppen und ein Rangierbahnhof entstanden. Neben dem Anschluss an den Staatsbahnhof Köln-Bonntor hatten die Züge auch Anschluss an das Gleis der zur Gesellschaft der Kölner-Bonner Eisenbahnen (KBE) gehörenden Rheinuferbahn. Fortan entwickelte sich ein reger Eisenbahnbetrieb, der aber auch zu einigen Unfällen führte: So stieß am 22. Juni 1953 ein Güterzug mit der kreuzenden Rheinuferbahn zusammen, und am 15. April 1967 rammte ein Schwertransport einige Kesselwagen aus den Schienen.

Diese Unfallgefahr war vorbei, als 1977 zunächst die KBE ihren Hafenanschluss kündigte und die »Hafen und Güterverkehr Köln AG« als Nachfolgegesellschaft den Anschluss nach Bonntor am 19. Dezember 1996 stilllegte. Seitdem ist das Einfahrtstor verschlossen und ist von der Natur schon so überwuchert, dass es bald endgültig vergessen sein wird.

Adresse Agrippinaufer, 50678 Köln | **ÖPNV** Bahn 16, 17, Haltestelle Schönhauser Straße (Fußweg 500 Meter) | **Tipp** Den Weg von der Kakaobohne über die Röstmaschine bis hin zur fertig verpackten Tafel Schokolade können die Besucher im Schokoladenmuseum verfolgen – und auch am munter sprudelnden Schokoladenbrunnen selbst davon kosten.

58 Der alte Bahnhof Worringen

Der versetzte Bahnhof

Als Bahnhof dient er schon längst nicht mehr, und seinen angestammten Platz musste er verlassen. Der ehemalige Bahnhof Worringen, der 1860 an der Strecke der Cöln-Crefelder Eisenbahngesellschaft entstand, steht heute in Nippes. Die Geschichte des versetzten Bahnhofs ist ebenso außergewöhnlich wie abenteuerlich.

Eigentlich sollte das Gebäude, das nach dem Vorbild der Bahnhöfe an der Transsibirischen Eisenbahn entstand, schon 1984 dem Ausbau der S-Bahn-Linie weichen. Nicht nur viele Worringer wollten dem optisch an einen Wildwest-Bahnhof erinnernden Gebäude, in dem sich einst ein Abstellraum für Fahrräder, ein Wartesaal und ein alter Warenautomat eines lokalen Schokoladenfabrikanten befanden, den Abriss ersparen. Auch die damalige Stadtkonservatorin Hiltrud Kier suchte händeringend nach Leuten, die »schon als Kind gern Eisenbahn spielten«, um den Bahnhof zu erhalten.

Erhört wurde der Ruf von der kirchlichen Initiative »Zug um Zug«. Für den symbolischen Preis von einer Deutschen Mark kauften die Gründungsmitglieder der Bahn den Bahnhof ab, um ihn abzubauen und auf dem ehemaligen Ausbesserungswerk Nippes wieder aufzubauen. Das Projekt startete im Oktober 1987 als Arbeitsbeschaffungsmaßnahme für arbeitslose Jugendliche. Mit finanzieller Unterstützung von rund 1,5 Millionen Mark bauten die jungen Arbeitslosen mit Lehm und Holz und in vielen Arbeitsstunden den Bahnhof bis 1991 Zug um Zug wieder auf.

Heute kümmern sich die Mitarbeiter der Initiative im alten Bahnhof weiterhin um arbeitslose Jugendliche. Angrenzend ist seit 1997 passenderweise das »Stellwerk 60« entstanden. Die autofreie Siedlung erinnert mit Straßennamen wie »Am Alten Stellwerk«, »Bahnwärterweg« und »Lokomotivstraße« an das bis 1978 bestehende Ausbesserungswerk.

Adresse Am Alten Stellwerk, 50733 Köln | **ÖPNV** Bus 147, Haltestelle Sankt Vinzenz-Hospital (Fußweg 40 Meter) | **Tipp** Wer einen Blick auf die Milchstraße werfen will, kann die Sternwarte Nippes im Gymnasium Blücherstraße besuchen. Die Anlage mit Fernrohren und Kuppeln haben ehemalige Schüler in ihrer Freizeit gebaut.

59 Die Kölner Südbrücke

Aus der Not heraus gebaut

Ob Drachenflieger, Hobbykicker oder Sonnenhungrige: Die Poller Wiesen sind eine viel genutzte »grüne Lunge« am rechtsrheinischen Ufer zwischen Porz und Deutz. Die idyllische Ruhe wird allerdings regelmäßig von einem donnernden Grollen unterbrochen. Dann überquert einer der zahlreichen Güterzüge die imposante Südbrücke. So heißt die zweigleisige Dreibogenbrücke über den Rhein, die mittlerweile eingetragenes Denkmal ist und einst aus der Not heraus gebaut wurde.

Nachdem Preußen zu Beginn der 1880er Jahre die privaten Eisenbahngesellschaften allesamt verstaatlichte, wuchs der Schienenverkehr links und rechts des Rheins nämlich spürbar an. Dem Hauptbahnhof drohte spätestens Anfang des 20. Jahrhunderts wegen der vielen Zugfahrten zusehends der Kollaps. Die Königliche Eisenbahndirektion schuf unter anderem dadurch Abhilfe, dass sie den Güter- vom Personenverkehr strikt trennte. Möglich machten das eine neue, knapp neun Kilometer lange Umgehungsstrecke und die neue Südbrücke, über die die linksrheinischen Rangierbahnhöfe Eifeltor, Gereon und Nippes mit den rechtsrheinischen Verschiebestationen Kalk-Nord und Gremberg verbunden wurden. Nach dreieinhalbjähriger Bauzeit war das 5,5 Millionen Goldmark teure »Sinnbild der Großindustrie« am 5. April 1910 betriebsbereit. Damit Fußgänger und Radfahrer die rund 370 Meter lange Brücke nutzen konnten, finanzierte die Stadt links und rechts zwei schmale Gehwege und verlangte anfangs für die Nutzung ein Brückengeld.

Wer heute die Brücke mit dem Fahrrad oder zu Fuß überqueren will, muss kein Geld mehr zahlen, aber in Poll Brückenturmtreppen hinaufsteigen, die eine Lokalzeitung wegen der schummrigen Atmosphäre als »begehbares Gruseln« bezeichnete. Linksrheinisch sind die Türme wegen nötiger Reparaturarbeiten schon seit Jahren nicht passierbar, dafür erzählen an den Türmen beeindruckende Sandsteinreliefs die Sage der Nibelungen.

Adresse Alfred-Schütte-Allee, 51105 Köln | ÖPNV Bus 159, Haltestelle Schüttewerk (Fußweg 1 Kilometer) | Tipp Einen wunderbaren Blick auf den Rhein bei einem Glas Wein genießt man auf der Klubhaus-Terrasse des Ruder- und Tennisklubs Germania. Sonntags erklingen dort zudem regelmäßig Matinee-Konzerte.

60__Der Bahnübergang Gremberghoven

Und ständig fällt die Schranke

Wer auf der Porzer Ringstraße unterwegs ist, der sollte sich Zeit nehmen, denn nach einigen Kurven und Schlaglöchern endet die Fahrt oft abrupt. Wenn die Schranke am Güterbahnhof Gremberg fällt, dann bleibt sie erst mal geschlossen – und wenn Fußgänger, Radler und Autofahrer Pech haben, dann kann das schon mal bis zu einer halben Stunde dauern. Aber keiner soll sagen, er wäre nicht gewarnt: »Haben Sie es eilig, fahren Sie bitte auf anderem Wege zu Ihrem Ziel«, warnt eindringlich ein Schild der Deutschen Bahn.

Das Geheimnis der langen Wartezeit liegt zwischen den beiden Schranken: sage und schreibe 13 Gleise, die praktisch im Minutentakt befahren werden. Ein Zeitungsbericht zählte einmal bis zu 150 Wagen stündlich, die zu einem Zug zusammengestellt werden, und bis zu 1.000 Rangierfahrten täglich, hinzu kommen noch rund 400 Personen- und Güterzüge. Damit es zu keinen Zwischenfällen kommt, müssen die Schranken frühzeitig schließen. Da ist es dem Weichenwärter überlassen, ob er sich erbarmt, die Schranke zwischendurch mal kurz zu öffnen und den geplagten Verkehrsteilnehmern die Durchfahrt zu ermöglichen.

Schon vor Jahren suchten die Politiker nach Lösungen, um der »verrücktesten Bahnschranke des Rheinlands« den Garaus zu machen. Doch das Warten wird kein Ende haben, denn die vom Stadtentwicklungsausschuss angedachte Untertunnelung würde rund 20 Millionen Euro kosten. Zu viel für eine Straße, die nicht zu den Hauptverkehrsadern Kölns zählt.

Immerhin ermöglicht die lange Wartezeit Eisenbahnfreunden, den regen Zugverkehr und Rangierbetrieb zu verfolgen. Nicht weit entfernt vom Rangierbahnhof befindet sich das Bahnbetriebswerk Gremberg mit Lokwerkstatt. Auf der Freiluft-Abstellanlage warten stets zahlreiche Elektro- und Dieselloks auf ihre Reparatur.

Adresse Porzer Ringstraße, 51149 Köln | **ÖPNV** Straßenbahnlinie 7, Haltestelle Kölner Straße (Fußweg 900 Meter) | **Tipp** Die denkmalgeschützte Eisenbahnersiedlung Gremberghoven stammt noch aus der Zeit der Reichsbahn und gilt als eine der schönsten Gartenstadt-Siedlungen Kölns.

61_ Der Endbahnhof

Gleise in der »Goldenen Ecke«

Die ehemalige »Goldene Ecke Kölns« zwischen Hochhaus und Riehler Straße ist heute eine Art Multifunktionsareal. Die Jogger nutzen das Grün zum Frühsport, die Gäste des Biergartens zum Blick auf den Rhein und das Zirkus- und Artistikzentrum Köln (ZAK) für Workshops und Ferienprogramme. Viele Kölner können sich auch noch an das »Riehler Freibad« erinnern, das 1986 seine Pforten schloss. Kaum ein Kölner wird aber wohl noch wissen, dass die heutigen ZAK-Büros einst ein Bahnhof waren. Von 1929 bis 1933 endete hier nämlich die legendäre Rheinuferbahn.

Durch den Erfolg ihrer Vorgebirgsbahn planten die Köln-Bonner Eisenbahnen (KBE) Anfang des 20. Jahrhunderts eine weitere zügige Eisenbahnverbindung von Köln nach Bonn. Die Rheinuferbahn endete nach der Eröffnung des Gesamtverkehrs am 27. Januar 1906 zunächst an der Trankgasse, dann jedoch ergab sich durch den geplanten Bau der Mülheimer Brücke eine neue Situation. Die KBE wollte sich nun in Richtung Kölner Norden ausweiten und entschied sich für einen zweigleisigen Ausbau in Normalspur, um auch die Gleise der städtischen Hafenbahn nutzen zu können. Zwei Tage nach der Eröffnung der neuen Hängebrücke am 13. Oktober 1929 nahm auch der neue Endbahnhof »Köln-Mülheimer Brücke« seinen Betrieb auf. »Eine Gaststätte ist nicht vorgesehen, weil man den zahlreichen Gaststätten in nächster Nähe nicht schaden will«, schrieb damals der Kölner Stadt-Anzeiger.

Die KBE schadete sich vielmehr selbst, denn der Bahnhof floppte völlig. Kaum ein Kunde wollte über die Trankgasse hinausfahren, und kaum einer nahm Notiz davon, dass die Rheinuferbahn ab dem 8. Oktober 1933 wieder an der Hohenzollernbrücke endete. Die Gleise wurden abgebaut und das Empfangsgebäude an die Stadt Köln verkauft. Die Goldene Ecke sah nur noch einmal eine Eisenbahn. Die Liliputbahn des »Kölner Tivoli« kam Anfang der 1970er Jahre aber nicht einmal aus den Startlöchern.

Adresse An der Schanz 6, 50735 Köln | **ÖPNV** Straßenbahnlinie 18, Haltestelle Bolten-sternstraße (Fußweg 300 Meter) | **Tipp** Kunst genießen und entspannen inmitten der Großstadthektik kann man im Kölner Skulpturenpark. Zu sehen sind unter anderem Werke von Anish Kapoor und Heimo Zobernig.

62 Die Haltestelle Zündorf

Der Rest vom »Rhabarberschlitten«

Er schmeckt als Kompott, Tarte und Konfitüre: Rhabarber ist ein ebenso vielseitiges wie vitaminreiches Gemüse. In kargen Zeiten war der Rhabarber eine beliebte Arme-Leute-Pflanze. So auch nach dem Ende des Ersten Weltkriegs, als Nahrung knapp war: In Schwärmen strömten die Kölner in die bäuerlichen Dörfer wie Niederkassel, Müllekoven oder Sieglar, um sich reichlich mit dem Stielgemüse einzudecken.

Doch der Weg war weit. Gut, dass es da die Kleinbahn Siegburg–Zündorf gab, die seit 1921 an die Kölner Vorortlinie angeschlossen war und schnell als »Rhabarberschlitten« bekannt wurde. Ein Anschluss, der dennoch anfangs für viel Ärger und Verdruss sorgte, denn zunächst bestand in Zündorf keine direkte Gleisverbindung zwischen Vorort- und Kleinbahn. Es kam in Zündorf, nach überlieferten Berichten des damaligen Porzer Bürgermeisters, besonders für Frauen zu »beschämenden Anblicken«. Die wartenden oder umsteigenden Fahrgäste verrichteten ihre Notdurft notgedrungen im Freien oder an der Wartehalle. Die Stadtverwaltung hatte an der Station nämlich auf eine Toilette verzichtet und den Fahrgästen empfohlen, für das »Geschäftliche« doch mal eben bei den Zündorfer Bürgern zu klingeln oder die ansässige Gaststätte aufzusuchen. Die Gleisverbindung kam dann erst 1923, um zwölf Jahre nach der Stilllegung des Abschnitts Sieglar–Zündorf wieder zu verschwinden.

Seitdem endet die einstige Vorortlinie als Stadtbahnlinie 7 wieder in Zündorf. Was mittlerweile viele bitter bereuen, denn die Linie soll nach dem Willen örtlicher Politiker wieder bis Niederkassel verlängert werden, was aber wohl frühestens 2030 passiert. Bis es so weit ist, wird also noch so mancher Rhabarber in die Höhe schießen. Wer in Zündorf in die Linie 7 einsteigt, erlebt bis Frechen eine abwechslungsreiche Fahrt mit Haltestellen an historisch interessanten Orten wie dem Gutshof »Stüttgenhof«, dem Melatenfriedhof oder dem Kloster des Alexianer-Ordens.

Adresse Wahner Straße, 51143 Köln | **ÖPNV** Straßenbahnlinie 7, Haltestelle Zündorf | **Tipp** Tierfreunde können in Rolf's Streichelzoo mit Enten, Eseln oder Hühnern Kontakt aufnehmen. Der kleine Zoo kümmert sich speziell um alte, verstoßene und ausgesetzte Tiere.

63___Die Drachenfelsbahn

Hinauf auf den »Berg der Deutschen«!

Rund 500.000 Personen jährlich werden auf 1.500 Metern Schienen-
länge bei einer Steigung von imposanten 20 Prozent auf den Gipfel
transportiert. Die meterspurige Drachenfelsbahn ist ein echtes Ar-
beitspferd und in zweierlei Hinsicht einmalig: Sie ist nicht nur die
älteste noch betriebene Zahnradbahn Deutschlands, sondern war
auch die erste Zahnradbahn in Deutschland mit öffentlichem Personenverkehr. Das urige Bähnchen hat sich bis heute seinen pitto-
resken Charme bewahrt, ein Ausflug zum Drachenfels wäre ohne
eine Fahrt auf den Stahlschwellen entlang des Eselsweges nur halb
so unterhaltsam.

Bereits Anfang des 19. Jahrhunderts war die Drachenfels-Ruine
durch die Nibelungensaga eine viel bestaunte Touristenattraktion
mit einem Gasthaus auf dem Gipfel. Der Aufstieg zum »Berg der
Deutschen« über den steilen Eselspfad ist zu Fuß allerdings mühsam.
Dennoch entwickelte sich der Drachenfels schon zu Kaiserzeiten
zum meistbesuchten Berg Europas. Eine bessere Verkehrssituation
versprach deshalb satte Gewinne. Mit dieser Aussicht beantragte die
»Deutsche Lokal- und Straßenbahngesellschaft« im Jahre 1881 eine
Konzession für den Bau einer Zahnradbahn, die der Regierungs-
präsident noch im selben Jahr genehmigte. Die feierliche Eröffnung
nach rund achtmonatiger Bauzeit erfolgte dann am 17. Juli 1883.

Sofort war die technische Neuheit die erhoffte Touristenattraktion. Anfangs fuhr die Zahnradbahn noch mit Dampf. Nach einem
schweren Unfall am 14. September 1958, bei dem 18 Menschen
starben, stellte der Eigentümer »Bergbahnen im Siebengebirge« auf
elektrischen Betrieb um. Die grünen Triebwagen verrichten seitdem
ihren fast ganzjährigen Dienst auf dem Weg vom Talbahnhof in Kö-
nigswinter über drei Brücken und einen achtbogigen Viadukt und an
Schloss Drachenburg und der Nibelungenhalle vorbei bis hinauf zur
Bergstation. Zum 125-jährigen Jubiläum wurde die Drachenfelsbahn
sogar mit einer eigenen Briefmarke gewürdigt.

Adresse Drachenfelsstraße 53, 53639 Königswinter | **ÖPNV** RE 8 oder RB 27, Haltestelle Bahnhof Königswinter (Fußweg 600 Meter) | **Öffnungszeiten** Der Fahrplan variiert jahreszeitlich und ist unter der Internetadresse www.drachenfelsbahn-koenigswinter.de zu finden. Sonderfahrten außerhalb des Fahrplans auf Anfrage unter Tel. 02223/92090. | **Tipp** Sammlungen zur Geologie, Geschichte und Kultur des Siebengebirges präsentiert das Siebengebirgsmuseum, in dem auch die Museumsbibliothek des Heimatvereins Siebengebirge zu finden ist.

64__Der Hülser Berg

Schluffend durch den Niederrhein

»Am Hülser Berg gibt es eine stillgelegte Strecke, und da wohnt ein total Verrückter in einem Doppeldeckerbus«, berichtet Sophie ihren Freunden. Das mit dem Verrückten stimmt, das mit der stillgelegten Strecke allerdings nicht. Aber es handelt sich ja um Fiktion und nicht um Fakten. »Der Schluff und das Geheimnis der goldenen Taschenuhr« heißt der 2013 entstandene Film über die abenteuerlichen Sommerferien einer Freundesclique.

Wie der Titel schon verrät, geht es dabei auch um den »Schluff«. Und der ist quicklebendig statt stillgelegt. »Schluff« ist der Kosename einer historischen Eisenbahn, die für Krefeld zu einer Art Wahrzeichen wurde. Der Name »Schluff« geht auf das zischende Geräusch der Dampflok zurück, das angeblich schlurfenden Pantoffeln – auf Niederrheinisch »Schluffe« – ähnelt. Wie so häufig ist auch diese Tourismusbahn das museale Relikt einer ab 1870 entstandenen Verbindung, die einst von Krefeld nach Moers und Viersen führte. Die Straßenbahn und die Motorisierung nach dem Zweiten Weltkrieg sorgten auch in diesem Fall dafür, dass die Strecke spätestens in den 1980er Jahren ausgedient hatte.

Übrig blieb ein rund 14 Kilometer langer Schienenabschnitt, der seit Mai 1980 regelmäßig von der einstigen Zechen-Dampflok »Graf Bismarck XV« befahren wird. Das rollende Denkmal dampft von Sankt Tönis bis zum Naherholungsgebiet »Hülser Berg«, wo die eingleisige Strecke praktisch mitten im Wald endet. Unterwegs hält die Bahn noch am im italienischen »Palazzo«-Stil erbauten Krefelder Nordbahnhof, um danach gemächlich durch die niederrheinische Landschaft zu »schluffen«. Die Ankunft an der Endstation Hülser Berg, wenn die Bismarck schnaufend den letzten Bahnübergang passiert, ist immer ein von vielen Eisenbahnfans bestauntes Spektakel. Danach kann der einstige Verlauf der Reststrecke auf dem »Grafschafter Rad- und Wanderweg« erkundet werden. Die Fahrräder werden dafür eigens in einem Packwagen transportiert.

Adresse Talring 112, 47802 Krefeld | **Anfahrt** A 57, Ausfahrt Moers-Kapellen, Richtung Moers-Kapellen / Duisburg-Rumeln-Kaldenhausen fahren, Bahnhofstraße, Nieper Straße und Kapellener Straße bis Talring in Krefeld | **Öffnungszeiten** Über die Fahrzeiten informiert die Website www.schluff-krefeld.de. | **Tipp** 163 Stufen auf Gitterrosten muss man hinaufsteigen, dann hat man die Aussichtsplattform des Johannesturms auf dem Hülser Berg erreicht und überblickt die niederrheinische Landschaft und das Ruhrgebiet.

65 Der Bahnhof Pattscheid

Der Zwei-Ebenen-Bahnhof

Der Bahnhof Pattscheid war die zuletzt eröffnete Station für die am 15. Oktober 1881 endgültig fertiggestellte Strecke zwischen Opladen und Lennep. Die Neukirchener mussten sich allerdings für eine Haltestelle sogar an die preußische Regierung wenden, die sich im März 1879 endlich erbarmte. Zunächst baute die zuständige Eisenbahndirektion Elberfeld für Pattscheid einen Haltepunkt an der Hofschaft Oberölbach, der im November 1881 eröffnet wurde – allerdings nur für den Personenverkehr.

Die Gemeinde Neukirchen drängte wieder – diesmal auf eine Güterverladestelle. Die Direktion lehnte zunächst ab, weil eine solche Anlage wegen der ungünstigen Steigung zu teuer sei. Der zunehmende Zugverkehr spielte den Antragstellern aber in die Hände: Weil am bisherigen Haltepunkt eine Erweiterung unmöglich war, entschied sich die Direktion für einen Neubau rund 800 Meter östlich der alten Station. Das Gelände stieg in Richtung Burscheid stark an, weshalb zwei Stationen auf zwei Ebenen gebaut wurden. Der Personenverkehr folgte der alten Streckenführung, für den Gütertransport baute die Verwaltung ein fünf Meter höher gelegenes Gleis. Beide Stationen waren durch eine Unterführung verbunden. In den nächsten Jahren bot sich ein eindrucksvolles Bild, wenn die Güterzüge aus Opladen mühevoll über die lange Rampe zur Güterverladung ächzten. Vom Bahnhof Pattscheid transportierte ab 1910 zudem eine Loren-Seilbahn Kohle, Baumaterial und Lebensmittel zur Nervenheilanstalt Roderbirken.

Schienen, Seile und Loren sind verschwunden, aber der als Tagungsraum sanierte Bahnhof bietet an der stillgelegten Strecke mit Flügelsignal, historischen Bahnhofsschildern und Wartehäuschen immer noch klassisches Eisenbahnflair. Zudem hat der »Verein der Freunde und Förderer der Balkantrasse« an den Rampen mit historischen Fotos illustrierte Infotafeln zur Bahnhofsgeschichte angebracht. Wer dort rastet, dem bietet sich zudem ein wunderbarer Panoramablick.

Adresse Burscheider Straße 456, 51381 Leverkusen-Bergisch Neukirchen | **ÖPNV** Bus 239, 240, 252, Haltestelle Pattscheid Bahnhof (Fußweg 50 Meter) | **Tipp** Im nahe gelegenen Naherholungsgebiet Diepental können große und kleine Besucher unter anderem an zwei Seen angeln, schwimmen oder Minigolf spielen.

66 Das Kran-Café

Kaffee und Kuchen statt Kleinbahn

Regina Auel ist gebürtige Wuppertalerin. Deshalb weiß sie nur von den zahlreichen Schwarz-Weiß-Fotos an den Wänden, dass ihr Café einst an einer Eisenbahnlinie lag. »Die Fotos haben Gäste mitgebracht«, berichtet die Gastronomin. Viele Hitdorfer erinnern sich eben noch genau an die Zeit, als von 1908 bis 1987 die E-Loks der Kleinbahn Hitdorf–Monheim im Hafen ihren Dienst verrichteten.

Der im Jahre 1356 erstmals urkundlich erwähnte Hafen war einst ein wichtiger Wirtschaftsfaktor für den heutigen Leverkusener Stadtteil. Wegen einer quer über den Rhein verlaufenden Kiesbank, der sogenannten »Hitdorfer Platte«, mussten die rheinaufwärts fahrenden Schiffe notgedrungen in Hitdorf ihre Waren umladen. Die Kiesbank wurde 1825 entfernt, danach diente die Anlage kurzzeitig als Auswanderungshafen. Nach dem Ausbau des Hafens, der eine Werftanlage erhielt, errichtete 1929 eine Düsseldorfer Maschinenfabrik im Auftrag der Kleinbahngesellschaft einen Drehkran mit einer Tragkraft von 4,5 Tonnen, um die Schiffsgüter per Bahn zum Langenfelder Bahnhof zu transportieren. Nachdem die Gleise am Hafen nach der Stilllegung entfernt waren, sollte auch der Kran mit abgerissen werden, was eine private Initiative verhindern konnte. Seit 1997 ist der Kran ein Café, in dem sogar im November 2013 das Fernsehen die 4.444. Folge der Vorabendserie »Verbotene Liebe« drehte.

Im März 2017 hat Regina Auel das kultige Café übernommen. Weil der Kran wieder aussehen sollte wie vor 50 Jahren, erhielt das lange Zeit himmelblaue Industriedenkmal den originalen hellgrauen Anstrich. Damit ist das Kran-Café im Hitdorfer Hafen eines der wenigen Relikte aus der Ära, als die orangefarbenen E-Loks das Stadtteilleben prägten. Jetzt genießen an der ehemaligen Kleinbahn die Gäste bei Kaffee und Kuchen entspannt das romantische Rheinpanorama.

Adresse Rheinstraße 91, 51371 Leverkusen | **ÖPNV** Bus 233, 244, 253, Haltestelle Stöcker-straße (Fußweg 180 Meter) | **Öffnungszeiten** Di–So 9.30–21.30 Uhr | **Tipp** Der Hitdorfer See wurde vor einigen Jahren zum Naherholungsgebiet umgestaltet. Das Wasser ist sauber und klar, was man vom Sandstrand aus oder bei einem Tauchgang begutachten kann.

67 Die Persil-Lok

Ruhesitz am Kreisverkehr

Oft gehen Menschen an unscheinbaren Denkmälern eher achtlos vorbei, bei der »Persil«-Lok kann das nicht passieren. So mancher Hitdorfer erinnert sich durch das Lökchen wieder an seine Kindheit. Wie der junge Familienvater, der seiner achtjährigen Tochter berichtet: »Die Lok stand früher auf unserem Spielplatz, da sind wir immer drauf herumgeklettert.« Doch die Dampfspeicherlok stand nicht nur, sie fuhr auch mal – und das durch eine recht bewegte Vergangenheit.

Zunächst wurde die Dampfmaschine 1911 von der Düsseldorfer Lokomotivfabrik »Hohenzollern« für die Waschmittelfirma Henkel gebaut. Unter dem Namen »Persil« trat sie umgehend ihren Dienst im Henkel-Werk in Düsseldorf-Reisholz an, wo sie in den kommenden Jahren fleißig Waggons rangierte. Dann folgte ein Intermezzo am Henkel-Standort Viersen-Dülken. Offenbar hatte die »Persil« dann ihre Pflicht und Schuldigkeit getan. 1951 wurde die Lok an die Firma Papier & Pappe in Viersen-Süchteln verkauft, ehe sie in den 1970er Jahren ihren letzten Dienst bei der Vereinigten Verpackungsgesellschaft in Monheim-Blee auf den Gleisen der Monheimer Kleinbahn verrichtete. Mit dem Ende der Kleinbahn wechselte die Lok 1982 zum nahe gelegenen Spielplatz an der Wiesenstraße, was ihr nicht gut bekam. Schon ziemlich heruntergekommen, landete die »Pensionärin« eingezäunt auf einem Abstellplatz.

Dort wäre sie vermutlich langsam in sich zusammengefallen, wenn nicht ein Langenfelder Bauunternehmer und mehrere Henkel-Pensionäre das Denkmal wieder auf Vordermann gebracht hätten. Das glanzvolle Comeback fand im Oktober 2015 mit zahlreichen Besuchern am Hitdorfer Ortseingang statt. Sogar Persils Werbe-Ikone »Die Weiße Dame« gab sich die Ehre. Der jetzige Standplatz ist ebenfalls aller Ehren wert, liegt in der Nähe der alten Schienentrasse und wird sicher auch künftig bei manchem Hitdorfer die Kindheit wieder aufleben lassen.

Adresse Ringstraße, 51371 Leverkusen | **ÖPNV** Bus 233, 244, 253, Haltestelle Concordia-straße (Fußweg 400 Meter) | **Tipp** Im Schloss Morsbroich ist das Städtische Museum für zeitgenössische Kunst beheimatet, unter dessen Dach über 300 Werke der Malerei und Plastik sowie rund 2.300 Arbeiten auf Papier zu sehen sind. Zum Bestand gehören Werke von Joseph Beuys, Gerhard Richter und Günther Uecker.

68   Die Bahnstadt Opladen

Spielen unterm Bahnhofsdach

»Lieber verhungern als das Werk aufgeben«, proklamierte damals plakativ der Betriebsrat auf einem Protestbanner. Am Ende half auch das Hungern nichts: Nach einer über 100-jährigen, wechselvollen Geschichte machte die Deutsche Bahn AG am 31. Dezember 2003 das Ausbesserungswerk Opladen endgültig dicht. Obwohl sich das Aus schon länger angekündigt hatte, weil die Aufträge stetig abnahmen, waren die Menschen in Opladen geschockt.

Über 100 Jahre hatte die 1902 an den Gleisanlagen des Bahnhofs Opladen gegründete »Königliche Eisenbahnwerkstätte« das Stadtteilleben geprägt – Opladen war damals einfach »Eisenbahnerstadt«. Das Wort Bahn ist noch im Projektnamen der Nachnutzung enthalten, obwohl der Schwerpunkt auf dem 45 Hektar großen Areal jetzt auf Wohnungsbau und Gewerbeansiedlung liegt. Und obwohl ursprünglich nahezu alles, was an das Ausbesserungswerk erinnert, ab- und rausgerissen werden sollte, bietet die »Neue Bahnstadt Opladen« noch einige historische Übrigbleibsel aus einer glanzvollen Ära, als rund 2.200 Mitarbeiter unzählige Waggons, Loks oder Triebwagen täglich wieder auf Hochglanz brachten.

Von diesen bewegten Zeiten zeugen noch das Kesselhaus und der 25 Meter hohe Wasserturm, der an die Karnevalsgesellschaft »KG Altstadtfunken Opladen von 1902« verkauft wurde und jetzt denkmalgeschützt ist. Für weiteren Erinnerungswert an diesem Eisenbahnort sorgte der »Opladener Verkehrs- und Verschönerungsverein«. Eine Steinplastik in Form einer Antriebsfeder weist auf den Startschuss des Opladener Eisenbahnverkehrs im Jahre 1867 hin. Zudem konnten die historischen Bahnhofsdachstützen des Opladener Bahnhofs in einen Eisenbahn-Spielplatz für den Nachwuchs integriert werden. Und in einem Personenwaggon proben jetzt die Sänger des Männerchors »Germania Opladen«, der 1905 von Mitarbeitern des Ausbesserungswerks ins Leben gerufen wurde.

Adresse Bahnstadtchaussee 4, 51379 Leverkusen | **ÖPNV** Bahn RB 48, RE 7, Haltestelle Bahnhof Opladen (Fußweg 500 Meter) | **Tipp** Waldameise, Fischotter und Frettchen sind im Wildpark Reuschenberg zu Hause. Der Eintritt ist frei.

69__Die Dampfbahn Leverkusen

Fahrspaß im Stadtpark

»Gut Dampf will Weile haben«, denkt sich Thomas Adler. Es dauert eben, bis seine Dampflok auf Betriebstemperatur ist. Aber es hat ja auch eine ganze Weile gedauert, bis sein dampfendes Schienenross fertig war. »Zwölf Jahre mit Pausen«, erläutert der Zahnarzt. Bau- und Aufwärmzeit haben sich jedenfalls gelohnt, denn seine Dampflok 84001 zählt seit 2015 zu den Attraktionen der Dampfbahner Leverkusen.

Was im Jahre 2002 mit einem Treff von Eisenbahnfreunden begann, entwickelte sich zu einem Miniatur-Fahrspaß, der an den Fahrtagen jedes Mal viele große und kleine Eisenbahnfans anlockt. An der Stelle eines ehemaligen Kräutergartens der benachbarten Realschule befördern nun die kleinen Schmalspurloks in den Spurgrößen 107 und 187 Millimeter ihre Fahrgäste durch das Stadtparkgelände. Rund 380 Meter lang ist die Strecke, auf der die Dampf- und Dieselloks durch den Park donnern. Die Züge halten zum Ein- und Ausstieg an einem dreigleisigen Bahnhof, und zum Aufsetzen der Miniloks gibt es eine achtgleisige Drehscheibe. Die gesamte Gleisanlage haben die Dampfbahner selbst geschweißt und verlegt. Selbstverständlich sind auch die Blechloks selbst gebaut, obwohl es für solche Bahnen keine Bausätze gibt. »Wir richten uns nach den originalen Bauplänen«, betont der Vorsitzende Hans-Joachim Kaps.

Für die imposante Diesellok D5 der Brohltalstrecke hatten die Dampfbahner sogar einen Ortstermin mit der dortigen Betreibergesellschaft vereinbart. Während die Dieselloks mit Benzin oder elektrisch fahren, werden die Dampfloks mit richtiger Lokkohle angeheizt. »Den passenden Heizstoff liefert ein Duisburger Händler«, verrät Adler. Auch außerhalb der Anlage können Eisenbahnfreunde die Schmalspurloks gelegentlich bewundern. Mit einer mobilen Anlage dampfen die Modellbahner regelmäßig durch den Neulandpark.

Adresse Am Stadtpark 37, 51373 Leverkusen | **ÖPNV** S-Bahn 6, RE 1, RE 5, Haltestelle Bahnhof Leverkusen (Fußweg 700 Meter) | **Öffnungszeiten** in der Sommersaison jeden 1. So im Monat April–Okt. 11–17 Uhr | **Tipp** Der direkt am Rhein gelegene Neuland-park entstand auf einer ehemaligen Werkdeponie und bietet Minigolfbahn, Themen-gärten und Spielstationen. Von den Fußgängerbrücken hat man einen schönen Überblick über den Chempark.

70__Die Freilicht-Feldbahn

Über Schotter, Feld und Flur

»Das ist jetzt die Rudolf-Diesel-Gedächtnisminute«, schmunzelt Werner Matthäi und glüht in seinem schmalen Führerstand den Dieselmotor vor. Nach einigen stotternden Startversuchen fängt die zwölf PS starke Diema-Feldlok aus der Diepholzer Maschinenfabrik tatsächlich an, tuckernde Motorengeräusche von sich zu geben. Und dann geht es auf schmalem Gleis mitten durch die große Pampa.

Die Trasse der Steinbruchbahn befindet sich im Freilichtmuseum Lindlar. Dessen Leiter Michael Kamp kam auf die Idee mit der Bahn. »Schließlich gab es einst in der Region viele Steinbrüche und Feldbahnen für den Grauwacketransport«, berichtet Raimund Feldhoff vom Förderverein, der das Freilichtmuseum ideell und finanziell unterstützt. Und für den Förderverein war es ein Glücksfall, dass sich im Jahre 2010 ein Substrathersteller im Emsland von seinen alten Schienen verabschieden wollte. Die Firma hatte von 600 Millimeter Spurweite auf 900 umgestellt, und die alten Gleise sollten verschrottet werden. Dazu kam es glücklicherweise nicht, sondern die Schienen kamen nach Lindlar. Hier wurden sie, mit der Hilfe von vier Ford-Mitarbeitern, die von ihrem Arbeitgeber jedes Jahr zwei Tage lang für karitative Zwecke freigestellt werden, über Schotter, Feld und Flur verlegt.

Keine ganz leichte Aufgabe, denn solch eine Schmalspurschiene ist immerhin sieben Meter lang. Zusammengelegt ergeben diese Schienen eine rund 800 Meter lange Strecke, die auf dem Erweiterungsgelände des Museums auch durch einen Tunnel führt und mehrere Ausweichgleise besitzt. Zu einer richtigen Feldbahn gehören natürlich auch ein paar Kipploren, die ebenfalls auf den Schienen stehen. Oder gezogen werden von der 1954 gebauten Diema-Diesellok, die, im dritten Gang gefahren, immerhin eine Geschwindigkeit von zwölf Stundenkilometern erreicht. Künftig sollen aber nicht nur Loren gezogen, sondern auch Personen befördert werden.

Adresse Heiligenhoven, 51789 Lindlar | **Anfahrt** A 4, Abfahrt Engelskirchen, Richtung Lindlar | **Öffnungszeiten** März–Okt. Di–So 10–18 Uhr, Nov.–Feb. Di–So 10–16 Uhr | **Tipp** Der über 200 Jahre alte Schlosspark von Schloss Heiligenhoven im Stil englischer Landschaftsgärten, der besonders durch seinen alten Baumbestand beeindruckt, ist öffentlich zugänglich.

71 Der Bahnhof Linde

Der Traum des Hermann Haeck

Die Kinder machen es sich mit ihren Fahrrädern in einer nostalgischen Straßenbahn bequem, die zum Königsforst fährt. Dort angekommen, radeln sie weiter durch den Wald in Richtung Bahnhof Linde. Hier schnauft dann eine historische Dampflok auf der reaktivierten Trasse zum Eisenbahnmuseum.

Der Traum eines Eisenbahnliebhabers? Ja, aber der Traum wurde fast Wirklichkeit. Der Träumer hieß Hermann Haeck und war Wirtschaftsprüfer aus Linde. Zu träumen angefangen hatte Haeck im Jahr 1972. Damals erwarb er für rund 60.000 Euro den Bahnhof Linde. Haeck war damit einen Schritt schneller als die ebenfalls interessierte Volksschauspielerin Trude Herr.

Der Bahnhof mit Empfangsgebäude, Güterschuppen und Toilettenhäuschen gehörte bis zum 22. Mai 1966 zur damals endgültig stillgelegten »Sülztalbahn« zwischen Köln-Kalk und Lindlar. Zum Bahnhofskomplex erhielt der Kaufmann von der Bundesbahn noch fünf Kilometer Strecke und einen vierbogigen Viadukt. Als Haeck den Bahnhof erwarb, erinnerte auf dem verwahrlosten Gelände, wo sogar eine Mülldeponie geplant war, nichts mehr an den einstigen Eisenbahnbetrieb. Haeck verwandelte die Ruine mit viel Aufwand in ein schmuckes Wochenenddomizil für die Familie, zu der auch die Söhne Roland und Armin gehören. »Das war damals unser Abenteuerspielplatz«, erinnert sich Roland Haeck.

Vater Hermann plante ein noch größeres Abenteuer. Unterstützt von zahlreichen Eisenbahnfreunden, legte er auf der Trasse wieder mehrere hundert Meter Gleis samt Signalen. Bei der Testfahrt mit einer Tender-Dampflok war sogar ein Fernsehteam anwesend. Haecks Traum von einem Eisenbahn-Freilichtmuseum, samt Museumsbahn scheiterte aber schließlich am Veto örtlicher Politiker und Bewohner, die keinen »Haeck-Meck mit Rummel in Lindlar« wollten. Von Haecks einstigem Traum zeugt heute immer noch das idyllische Bahnhofsgelände samt Dampflok.

Adresse Am Bahnhof, 51789 Lindlar | **Anfahrt** A 4, Ausfahrt Untereschbach, Lindlarer Straße Richtung Obersteeg und Sülztalstraße bis Linde, links abbiegen auf die Straße »Bruch«, dann links in den »Talweg« | **Tipp** Angeblich haben sich früher die Zwerge Lindlars einer alten Sage nach für immer in eine Höhle zurückgezogen. Die Zwergenhöhle kann auf einem Wanderweg erkundet werden.

72 Die untere Aggertalbahn

Still liegt das »Luhmer Grietche«

»Gläbbicher Grietche«, »Sambatrasse« oder »Schluff« – die Menschen der Region bedachten ihre Bahnlinien gern mit Kosenamen. Zu diesen Lieblingen zählte auch die untere Aggertalbahn, die als »Luhmer Grietche« legendär wurde. Die Strecke wurde förmlich herbeigesehnt, verlor aber schon früh viele Fahrgäste. Das Grietche lebt heute nur noch in den alten Erzählungen der Menschen weiter, die einst damit gefahren sind.

Dabei hatten die Industriellen des Aggertals – unter ihnen Emil Engels, Bruder des berühmten Marxisten Friedrich Engels und Inhaber einer Baumwollspinnerei – lange Zeit immer wieder Hebel in Bewegung gesetzt, um einen Eisenbahnanschluss zu bekommen. Doch erst als Preußen die privaten Eisenbahnunternehmen verstaatlichte, kam die Sache ins Rollen. Der erste Zug dampfte am 14. August 1884 von der Köln-Gießener Strecke kommend ab Siegburg durch das Tal des Flusses Agger bis nach Ründeroth. Drei Jahre später fuhren die Züge weiter bis nach Dieringhausen. Die Menschen aus dem Oberbergischen wiederum fuhren gern nach Siegburg, um dort einzukaufen. Noch viel lieber wären die Menschen aber ins großstädtische Köln gefahren. Dieser Wunsch ließ sich aber erst ab 1910 dank der neuen Strecke von Köln-Kalk nach Overath realisieren. Die flottere Verbindung machte ein Tunnel möglich, der von Overath nach Hoffnungsthal führte.

Der Overather Abzweig über Lohmar nach Siegburg verlor hingegen rapide an Bedeutung. Der Personenverkehr schlief bereits in den 1950er Jahren ein, ein Anschlusstorso zum Siegwerk wird seit 2016 wegen einer defekten Weiche nicht mehr bedient. Im Waldgebiet zwischen der Lohmarer Hauptstraße und der Ecke Am Heckershof/Steinbahn liegen noch längere Schienenstücke. Abgesehen davon ist in Siegburg aus der Trasse größtenteils ein Radweg geworden, auf dem man per Fahrrad abseits des Stadtkerns die Glanzzeit des Gretchens buchstäblich »erfahren« kann.

Adresse Parkplatz BAB Lohmar-Süd, Hauptstraße, 53797 Lohmar | **Anfahrt** A 3, Ausfahrt Lohmar, abbiegen auf Hauptstraße / B 484, bis zum BAB-Parkplatz Lohmar, schräg gegenüber weist ein Schild auf den Beginn der alten Bahntrasse hin | **Tipp** Seltene Pflanzenarten wie der Mittlere Sonnentau und der Gagel sind im Lohmarer Wald beheimatet, der als Naturschutzgebiet zum 80 Kilometer langen Landschaftsraum Bergische Heideterrasse gehört.

73 Der Bahnhof Kottenforst

Schönheit an der Schiene

Rund 70.000 Tiere soll er erschossen haben. Die Jagdleidenschaft von Kaiser Wilhelm II. war berühmt und bei Tierfreunden berüchtigt. Gejagt hat der »jagdgeile Monarch« im 4.000 Hektar großen Waldgebiet Kottenforst, das er schon zu seiner Bonner Studienzeit zu schätzen wusste. Neben dem zahlreichen Wild war dem Kaiser im Kottenforst noch etwas sehr angenehm, nämlich dass der Wald sogar über einen Bahnanschluss verfügte. Vom Bahnhof aus fuhr der Regent dann per Kutsche zu seinem Jagdhaus.

Der Bahnhof Kottenforst entstand im Jahre 1880 mit dem Bau der Voreifelbahn, die heute als S 23 zwischen Bonn und Euskirchen verkehrt. Während die meisten Stationen an dieser Strecke, wie Kuchenheim oder Rheinbach, eher wie klassische Kleinstadtbahnhöfe aussahen, bekam der Kottenforst ein repräsentatives Gebäude im Fachwerkstil. Und weil Bahnhöfe einst mehr waren als reine Haltepunkte, erfreute sich die Bahnhofsgaststätte als Ausflugsziel großer Beliebtheit. Beliebt ist der »Kaiserbahnhof« auch bei vielen Eisenbahnfreunden, die ihn als einen der »schönsten Bahnhöfe Deutschlands« verehren.

Die »Schönheit an der Schiene« ist sogar Bestandteil im Bahnhofsprogramm einer renommierten Modellbaufirma. Komplettiert wurde die Idylle rund um dieses »Kleinod deutscher Zimmermannskunst« einst von einer Feldbahn, die gefälltes Holz zu einem Sägewerk transportierte. Die Feldbahn ist längst verschwunden, und auch der schöne Bahnhof ist etwas in die Jahre gekommen. Der mittlerweile in Meckenheim-Kottenforst umbenannte Bahnhof ist nur noch ein Bedarfshalt, dessen Hochbahnsteige samt Fahrkartenautomat die trostlose Tristesse heutiger Haltepunkte ausstrahlen. Fahrgäste sind zudem auf dem Weg dorthin von einem hässlichen Doppelstabmattenzaun umgeben. Entschädigt wird der Besucher durch die immer noch im Bahnhof ansässige Waldgaststätte, die nostalgisch-rustikalen Charme ausstrahlt.

Adresse Bahnhof Kottenforst 8, 53340 Meckenheim | **ÖPNV** S 23, Haltestelle Mecken-
heim-Kottenforst | **Öffnungszeiten** Waldgaststätte Di – So 11 – 21 Uhr, Mo geschlossen |
Tipp An heißen Sommertagen können sich Sonnenhungrige in der Kiesgrube Flerzheim
abkühlen oder seltene Tier- und Pflanzenarten beobachten, die sich dort dank sorgfältiger
Rekultivierung wieder angesiedelt haben.

74 __ Die Lok 15

Ein Glas Bier ins Gleis gestellt

Sie ist ein unübersehbares Wahrzeichen der Stadt Monheim: Die Lok 15 in der Nähe des Busbahnhofs erinnert an vergangene Eisenbahnzeiten. Einst fuhr die knuffige Lok mitten durch das Stadtgebiet, um Menschen und Güter per Schiene zu transportieren. Die Kleinbahn zwischen Monheim, Langenfeld und Baumberg entstand Anfang des 20. Jahrhunderts, als eine Eisenbahn noch wirtschaftlichen Aufschwung versprach. Die Gemeinde Monheim erhoffte sich dadurch den Sprung vom Agrarzeitalter ins Industriezeitalter, was mit den langsamen Pferdefuhrwerken nicht gelingen konnte.

Den Anschluss an den Bahnhof Langenfeld der Köln-Mindener Eisenbahngesellschaft brachte zunächst zum 31. Mai 1904 die sogenannte »gleislose elektrische Eisenbahn«. Ohne Schienen war das Monheimer Basaltpflaster aber schnell ruiniert und das gleislose Experiment vier Jahre später gescheitert.

Die neu gebaute Eisenbahn von Monheim nach Baumberg und Rheindorf war im April 1912 fertig. Der Bahnbetrieb erfolgte mit E-Loks und Straßenbahnen. Schnell fuhr sich die Kleinbahn in die Herzen der Bevölkerung – die Menschen in Monheim nannten sie liebevoll »de Bahn«. Beliebt war an der Haltestelle »Rathaus« auch die Gastwirtschaft »An der Kleinbahn«. Weil aus der Bahn immer so viele durstige Werktätige ausstiegen, stellte der Gastwirt für den Fahrer aus Dankbarkeit immer ein Glas Bier ins Gleis. Der Personenverkehr per Schiene endete am 15. Juni 1963, die Ära der E-Loks am 18. Oktober 1979. Die Lok 15 musste modernen Dieselloks weichen. Die Trasse wurde umgebaut, und seit Oktober 1983 wird die Monheimer Innenstadt weitläufig umfahren.

Die ausrangierte Lok 15 landete zunächst als Denkmal vor dem Depot der »Bahnen Monheim«. Im Juli 2001 erfolgte der Umzug zur Grünanlage zwischen Rathausplatz und Opladener Straße. Seitdem erinnert das grüne Löckchen an die Zeiten, als »de Bahn« noch durch Monheim fuhr.

Adresse Opladener Straße, Ecke Rathausplatz, 40789 Monheim am Rhein | **ÖPNV** Bus 788, 789, 790, 791, Haltestelle Monheim, Markt (Fußweg 100 Meter) | **Tipp** Spuren der Römer lassen sich in Monheim bis ins 1. Jahrhundert nachweisen. Das Haus Bürgel ist ein ehemaliges Römerkastell, das im 4. Jahrhundert erbaut wurde. Das Anwesen inmitten einer Auenlandschaft bietet Römermuseum, Biologische Station und eine Kaltblutzucht.

75 Der Bahnhof Morsbach

Ein Reizthema für die »Republik«

»Schandfleck« lautete 2013 das vernichtende Urteil des Heimatvereins Morsbach. Gemeint war der Bahnhof Morsbach, der nach dem Ende der »Wissertalbahn« im Jahr 1997 zu einem Reizthema der Republik wurde.

Republik, so nennt sich die Gemeinde Morsbach scherzhaft selbst, was angeblich auf den CDU-Bundestagsabgeordneten Dr. August Dresbach (»Das hier ist sowieso eine ›Republik‹ für sich«) zurückgeht. Das 1898 errichtete Bahnhofsgebäude ist seit 1988 als Denkmal eingetragen, weil es die typischen Merkmale der königlich-preußischen Eisenbahnbauten aufweist. Zudem verfügt der Bahnhof über einen Bockkran und eine relativ intakte, wenn auch ziemlich zugewachsene Gleisanlage, die 2007 ebenfalls unter Schutz gestellt wurde. Der Schandfleck könnte also ein echtes Filetstück sein, um das sich aber Gemeinde und Eisenbahnfreunde jahrelang zankten. Die Gemeinde hätte das Gelände am liebsten plattgemacht, 2008 jedoch erteilte das NRW-Verkehrsministerium der Rhein-Sieg-Eisenbahn (RSE) eine Betriebsgenehmigung bis 2058, was der damalige Bürgermeister Raimund Reuber als »Irrsinn« bezeichnete. Die Gemeinde klagte erfolglos gegen den Irrsinn und brachte auf der Strecke am Haltepunkt Kömpel unerlaubt einen Prellbock an.

Weil der Bahnhof zunehmend verfiel, machte die »Republik« im März 2017 Nägel mit Köpfen und erwarb das Bahngelände samt Empfangsgebäude für rund 400.000 Euro. Aus dem Bahnhof soll eine Begegnungsstätte werden und auf dem Gelände teilweise Wohn-, Gewerbe- und Büroflächen entstehen. Der RSE, die auf der Trasse langfristig einen Museumsbetrieb etablieren will, wurde versichert, dass die Gleisanlagen größtenteils erhalten bleiben. Bis dahin bietet der Bahnhof einen wunderbaren Ausgangspunkt, um in Richtung Hermesdorf über den parallel verlaufenden Wanderweg eine Strecke mitten durch den Wald zu entdecken, die an eine verwunschene Märcheneisenbahn erinnert.

Adresse Bahnhofstraße 40, 51597 Morsbach | **Anfahrt** A 4, Ausfahrt Reichshof/Bergneustadt, Richtung Reichshof-Denklingen/Waldbröl/Morsbach, B 256, L 344 und Waldbröler Straße bis Bahnhofstraße folgen | **Tipp** Magische Kräfte soll der Koboldbrunnen von Morsbach haben. Das glauben jedenfalls die Morsbacher, die dem Kobold den Kopf streicheln und hoffen, dass er ihre Wünsche erfüllt.

76 Die Hammer Brücke

Steinerne Zeugen

»So wird unsere Brücke für Gegenwart und Nachwelt als ein Denkmal der Königlichen Fürsorge um die Wohlfahrt dieser Lande die Fluten des alten Rheines überragen«, schwärmte Daniel von der Heydt, Aufsichtsratsvorsitzender der Bergisch-Märkischen Eisenbahngesellschaft (BME), im Jahre 1869.

Das Objekt seiner Schwärmerei war eine Brücke, von der sich die BME im damaligen Konkurrenzkampf der privaten Eisenbahngesellschaften erhebliche Wettbewerbsvorteile versprach. Durch diese erste feste Rheinbrücke konnten endlich die durch den Strom getrennten Städte Düsseldorf und Neuss per Eisenbahn verbunden werden. Die Neusser Industrie- und Handelskammer hatte schon länger auf eine feste Verbindung gedrängt, weil die Waren bis dato immer mühsam per Schiff transportiert werden mussten. Als der Bau nach langjährigem Streit um den genauen Standort endlich beschlossene Sache war, verkündete von der Heydt stolz, das Bauwerk werde »König-Wilhelm-Rhein-Eisenbahnbrücke« heißen, später wurde sie nach dem Düsseldorfer Stadtteil Hamm benannt. König Wilhelm I. durfte sich geschmeichelt fühlen, wichtiger war ihm aber, dass die Brücke mit vier Brückentürmen und einem Sperrfort tauglich war für den bevorstehenden Krieg mit Frankreich. Als die zweigleisige Brücke am 24. Juli 1870 eröffnet wurde, reisten als erste Fahrgäste die königlichen Soldaten per Bahn in Richtung Frankreich. Wegen des wachsenden Zugverkehrs erhielt die Kaiser-Wilhelm-Brücke im Jahre 1911 einen Zwillingsbau.

Beide Brücken wurden während des Zweiten Weltkriegs im März 1945 von der Wehrmacht gesprengt. Der weniger beschädigte Teil wurde ein Jahr später repariert, musste aber 1984 wegen der neuen S-Bahn einem viergleisigen Neubau mit einer 250 Meter langen Stabbogenbrücke weichen. Die alten Brückentürme verfallen allmählich und muten an wie steinerne Zeugen aus der Zeit, als der Eisenbahnbau boomte.

Adresse An der Hammer Brücke, 41460 Neuss | **ÖPNV** S 8, S 11, S 28, Haltestelle NE-Rheinpark-Center (Fußweg 600 Meter) | **Tipp** Mitten in der Stadt Muscheln suchen kann man auf der nahe gelegenen Ölgangsinsel, die auch als »Grüne Hölle« von Neuss bekannt ist.

77_ Der Bahnhof Embken
Grillplatz statt Gleise

Was haben die Mitglieder eines Wandervereins, einer freikirchlichen Gemeinde und eines Motorradclubs gemeinsam? Sie alle treffen sich gern zum Grillen am Bahnhof Embken. Der ehemalige Haltepunkt im früheren Eisenbahnnetz der Dürener Kreisbahn am idyllischen Neffelbach ist heute eine Mischung aus Treffpunkt und Spielplatz mit ansprechender Eisenbahnhistorie.

Keine Grill-, sondern Braunkohle förderte das Werk Astrea Anfang des 20. Jahrhunderts im benachbarten Juntersdorf. Weil die Verluste hoch waren, setzte die Braunkohlegewerkschaft Hamburg als Eigentümer ihre Hoffnungen auf einen Bahnanschluss. Der Wunsch nach der Eisenbahn als Umsatzanheizer wurde von der Kreisbahn am 3. Juni 1911 mit der neuen Strecke von Zülpich nach Embken erfüllt. Die Kreisbahn ließ sich die zehn Kilometer lange Strecke einiges kosten, denn neben den 19 Brückenbauten investierte das Unternehmen eine Summe von rund einer Million Mark einschließlich Grunderwerbskosten. Die Bergbaugesellschaft verpflichtete sich wiederum, die 100.000 Tonnen an Briketts und Braunkohle ausschließlich per Schiene zu befördern.

Die versprochenen Zahlen wurden allerdings nicht annähernd erreicht, und 1920 stellte das Bergwerk die Förderung ein. Noch aber zehrte die Strecke vom Personenverkehr, für den auch ein Schienenbus namens »Schweineschnäuzchen« unterwegs war, ehe 1957 ausgerechnet eine erneute Braunkohleförderung für das endgültige Aus sorgte. Die Firma Viktor Rolff erweiterte den Tagebau derart, dass die Strecke eine Gleislücke von rund drei Kilometern aufwies. Der Weiterbetrieb ergab einfach keinen Sinn mehr.

Geblieben ist vom Bahnhof neben dem eingeschossigen Rest des Empfangsgebäudes noch das Toilettenhäuschen, das durch ein Flügelsignal, ein Gleis und eine Radachse ergänzt wurde. Für interaktive Bahnhofsatmosphäre sorgt der bewegliche und immer noch funktionierende Fahrtenanzeiger.

Adresse Liebergstraße, 52385 Nideggen | **Anfahrt** A 1, Ausfahrt Euskirchen, Richtung Zülpich / B 56, B 265 Liebergstraße bis Neffelbach | **Tipp** Modelle der Burgen in der Eifel zwischen Mosel, Rhein und Staatsgrenze sind im Museum der Burg Nideggen zu besichtigen.

78__ Der Bahnhof Immekeppel

Eisenbahnstation für das Erz

Auf der Glasfront steht immer noch in altdeutscher Schrift »Fahrkartenausgabe«, und selbst der Drehteller, auf dem einst Fahrkarten und Geld den Besitzer wechselten, existiert noch. Die Außenfassade mit dem Ladegleis verströmt ebenfalls klassische Eisenbahnnostalgie.

Seit über 50 Jahren ist der Bahnhof Immekeppel außer Betrieb, dennoch wirkt er auf den Betrachter so, als wäre der Eisenbahnverkehr eben erst eingestellt worden. Zu verdanken ist der gut erhaltene Zustand dem heutigen Besitzer Karl-Heinz Merten. Der Eigentümer restaurierte den Bahnhof so liebevoll, dass das Gebäude im Landhausstil heute zu den denkmalgeschützten Bauwerken der Stadt Overath zählt. Dabei gehört Merten als Spediteur zu jenen Unternehmern, die der Eisenbahn im Bergischen Land ab den 1960er Jahren immer mehr Konkurrenz machten. Zunächst grassierte aber auch in Immekeppel das Eisenbahnfieber. Ab dem 1. Dezember 1891 war der Ort die vorübergehende Endstation jener Nebenbahn, die von Köln über Bensberg bis ins Sülztal führte. Die Station Immekeppel war vor allem auf Wunsch der ansässigen Bergbaugesellschaft »Altenberg« entstanden, die im Ort eine Erzaufbereitungsanlage betrieb. Mit der Eisenbahn wurde das Erz von der nahe gelegenen Grube Lüderich nach Immekeppel und von dort schnell weiter zu den Kölner Häfen transportiert.

Als die Bundesbahn im Mai 1966 den letzten Streckenast stillgelegt hatte, übernahm Merten den Bahnhof als künftiges Domizil seiner florierenden Spedition. Zuerst drohte dem heruntergekommenen Gebäude sogar der Abriss, doch das brachte der erklärte Bahnfreund Merten nicht über das Herz. Vielmehr brachte der Willi-Ostermann-Fan den einstigen »Schandfleck« eigenhändig wieder auf Vordermann. Und so ist der Bahnhof Immekeppel eines der letzten Relikte aus einer Zeit, als die »Sülztalbahn« in der Region für wirtschaftlichen Aufschwung sorgte.

Adresse Lindlarer Straße 25, 51491 Overath | **Anfahrt** A 4, Ausfahrt Untereschbach, rechts auf Bahnhofstraße, Lindlarer Straße folgen | **Tipp** Regionalweit als »Sülztaler Dom« bekannt ist die Kirche Sankt Lucia, die 1891 von der Gemeinde Immekeppel selbst erbaut wurde. Sehenswert sind die Orgel, eine Heiligenfigur von 723 und ein Vortragskreuz aus dem 11. Jahrhundert.

79 Das Eisenbahnmuseum Pronsfeld

Der Stolz der Eisenbahner

Es war einmal eine Zeit, als sich Eisenbahner stolz an ihren Arbeitsplätzen fotografieren ließen. Der Stellwerksbeamte Peter Richards, der Bahnwärter Wilhelm Schröder und die Stationsaufseherin Rosa Kreins präsentierten sich gern vor dem Bahnhof oder auf dem Bahnsteig. Zu sehen sind die stolzen Eisenbahner neben weiteren Fotos, Fahrplänen und Dokumenten in den zahlreichen Schaukästen am Eisenbahnmuseum Pronsfeld.

Das kleine Freilicht-Denkmal präsentiert noch mehr Relikte aus der »guten alten Eisenbahnzeit«. Zum liebevoll gestalteten Schienenstillleben zählt eine Rangierlok Köf II, die im April 2006 von Bremen in die Schneeeifel transportiert wurde, ebenso wie Bahnschranken, Formsignale und Gleisstücke. Es mag auf den ersten Blick verwundern, dass die kleine Gemeinde Pronsfeld einen vergleichsweise großen Aufwand betrieben hat, der Eifelort war aber tatsächlich einmal ein wichtiger Eisenbahnknotenpunkt.

Das Zeitalter der Dampfrösser begann für Pronsfeld mit der »Eifelbahn« zwischen Trier und Köln. Um den Erztransport in der Region und den Nachschub für das Militär zu sichern, baute die Preußische Staatsbahn eine Strecke, die ab Oktober 1886 vom Eifelbahnhof Gerolstein über Prüm und Pronsfeld bis nach Bleialf führte. Es dauerte rund zehn Jahre, dann war aus dem Durchgangshalt durch neue Stichbahnen nach Neuerburg und Waxweiler ein viel frequentierter Trennungsbahnhof geworden. Die Strecken überstanden zwei Kriege, aber nicht die Lkw-Konkurrenz: Seit 1994 herrscht in Pronsfeld beim rollenden Eisenbahnverkehr für immer »tote Hose«. Umso schöner, dass durch das Stillleben die Erinnerung an die Eisenbahn lebendig bleibt und viel Aufmerksamkeit erfährt. Denn seit 2007 führt auch an Pronsfeld der grenzüberschreitende Radwanderweg von Prüm nach Sankt Vith vorbei.

Adresse Bahnhofstraße, 54597 Pronsfeld | **Anfahrt** A 1, Ausfahrt Blankenheim, B 51, B 265 und B 410 bis Bahnhofstraße folgen | **Tipp** Abenteuer unter Tage ermöglicht der begehbare Mühlenberger Stollen. Geführt werden die Besucher durch die Mitglieder des Bergmannsvereins Sankt Barbara Bleialf.

80__Der Wuppertrail

Mit der Draisine durch Dahlerau

»Einmal umsetzen bitte« lautet die Devise in Wilhelmstal. Dort endet kurz hinter dem ehemaligen Haltepunkt die Fahrt mit der Fahrraddraisine. Einst fuhren die Eisenbahnzüge weiter bis nach Kierspe, doch der dortige Bahnhof ist seit 1987 in der Wuppertalsperre versunken. Die Fahrt ist dennoch ein Erlebnis, denn die rund 8,5 Kilometer lange Strecke führt entlang der Wupper durch eine idyllische Landschaft über sieben Brücken bis zum Stausee in Beyenburg. Hier erwartet die Schienenpilger das beeindruckende Panorama von Alt-Beyenburg.

Ausgangspunkt der Fahrt mit dem Gleisgerät ist der ehemalige Bahnhof Dahlhausen, den gleich zwei Eisenbahnvereine als Domizil nutzen. Neben dem Verein »Wuppertrail«, der die Draisinenfahrten veranstaltet, arbeiten die Mitglieder des Fördervereins »Wupperschiene« schon seit Jahren emsig daran, das mittlerweile denkmalgeschützte Teilstück der ehemaligen Wuppertalbahn für den lokbetriebenen Museumsverkehr zu reaktivieren. Die 1890 fertiggestellte eingleisige Nebenstrecke, auf der einst die Personen- und Güterzüge von Oberbarmen über Kierspe bis ins sauerländische Lüdenscheid fuhren, verfügt noch über eine weitgehend erhaltene Infrastruktur.

Einst von der Staatsbahn gebaut, um die Eisen- und Textilunternehmen im oberen Wuppertal mit einem Bahnanschluss zu versorgen, wurde die Wuppertalbahn am 27. Mai 1971 von einem furchtbaren Unglück überschattet. Damals prallte rund 800 Meter hinter dem Bahnhof Dahlerau ein Güterzug auf einen Schienenbus. 46 Menschen, darunter 41 Schüler zwischen 14 und 16 Jahren, starben bei dem bis dato schwersten Unglück in der Geschichte der Deutschen Bundesbahn. Bis heute erinnert an der Strecke kein Denkmal an diese Katastrophe. Am Museumsbahnhof Dahlhausen halten historische Loks, Waggons und das gut erhaltene Bahnhofsgebäude immerhin die Erinnerung an die wechselhafte Eisenbahngeschichte zwischen Berg und Mark wach.

Adresse Hardtstraße, 42477 Radevormwald | **ÖPNV** Bus 26, Haltestelle Dahlhausen Brücke (Fußweg 400 Meter) | **Öffnungszeiten** Die Draisinenfahrten finden in der Regel täglich um 12 und 15 Uhr statt, Infos unter www.wuppertrail.de. | **Tipp** Noch völlig funktionsfähig sind die verschiedenen Webstühle im Wülfing-Museum. Das Museum befindet sich in der ehemaligen Tuchfabrik Johann Wülfing & Sohn, die 1996 mit der Globalisierung nicht mehr Schritt halten konnte und geschlossen wurde.

81 Der Knotenpunkt Raeren

Ein Geisterbahnhof wird zum Leben erweckt

Nicht zuletzt durch das einst blühende Baugewerbe war die belgische Gemeinde Raeren auf eine Verkehrsverbindung angewiesen. Dennoch entstand der Bahnhof nicht wegen der Gewerbebetriebe, sondern aufgrund seiner geografischen Lage, die einen wichtigen Knotenpunkt ermöglichte. Mit dem Abschnitt nach Eupen war Raeren ab August 1887 Zweigbahnhof geworden. Zwei Jahre zuvor feierten die Menschen bereits die Eröffnung dieses Bahnhofs, von dem aus die Züge jetzt auf der legendären Vennbahn neben Eupen in Richtung Aachen, Stolberg und Monschau dampften.

Raeren war seinem Status entsprechend mit zwei Personenzuggleisen, einem großen Güterbahnhof und zwei Stellwerken vergleichsweise großzügig gebaut. Die einst so ersehnte Vennbahn erlebte jedoch nach Ende des Zweiten Weltkriegs einen schleichenden Niedergang mit Stilllegungen und Demontagen. Durch Güterzüge und Militärtransporte hielt sich Raeren noch bis 2003 betriebstechnisch über Wasser, zudem sorgte von 1990 bis 2002 ein regelmäßiger Touristikverkehr für viel Trubel auf den Gleisen.

Mit dem Ende dieser Freizeitfahrten endete auch der gute Zustand, das Gelände verwahrloste zusehends. Seitdem herrscht rund um den Bahnhof eine verwunschene Stimmung. Die Werkstatthalle dient als Eisenbahn-Ausbesserungswerk, das Bahnhofsgebäude als Büro- und Wohnhaus. Obwohl das nahezu im Originalzustand erhaltene Areal mittlerweile wie ein Geisterbahnhof wirkt, bieten sich für Eisenbahnfreunde interessante Fotomotive, wozu besonders die beiden denkmalgeschützten Stellwerke zählen. Aber die Geister könnten wieder zum Leben erwachen. Das neben dem Vennbahnradweg liegende Gelände soll touristisch aufgewertet werden. Die belgische Eisenbahn will zudem wieder Güterzüge durch Raeren rollen lassen und die Euregiobahn die Bahnanlage für die geplante Ausdehnung des Streckennetzes von Stolberg nach Eupen reaktivieren.

Adresse Bahnhofstraße 70, 4730 Raeren | **Anfahrt** E 40, Ausfahrt Eynatten auf N68 Richtung Aachen-Süd/Kelmis/Raeren/Hauset/Eynatten, N68 folgen, Eynattener Straße und Hauptstraße bis Bahnhofstraße | **Tipp** Das Töpfereimuseum Raeren präsentiert archäologische Funde, die seit den 1950er Jahren in Raeren entdeckt wurden. Ergänzt wird die Sammlung durch wertvolles Renaissancegeschirr und Dauerleihgaben des Hetjens-Museums Düsseldorf und der Königlichen Museen für Kunst und Geschichte in Brüssel.

82 Der Bahnhof Rolandseck

Kunstmuseum mit Gleisanschluss

Der Maler und Bildhauer Anselm Kiefer war hier schon zu sehen, ebenso wie der Abstraktkünstler K. O. Götz oder die Skulpturkoryphäe Tara Donovan. Die Rede ist vom Bahnhof Rolandseck, der seit 2007 als »Arp-Museum« weltweit Furore macht. Zu verdanken ist diese erstaunliche Entwicklung dem 1997 verstorbenen Bonner Galeristen Johannes Wasmuth. Die Geschichte des heutigen Kunstmuseums mit Gleisanschluss begann damit, dass wieder mal ein altes Bahnhofsgebäude der Abrissbirne geopfert werden sollte. Die Bundesbahndirektion Mainz betrachtete den bereits seit Kriegsende geschlossenen Bau an der linken Rheinstrecke, wo einst »Promis« wie Johannes Brahms, Friedrich Nietzsche oder Otto von Bismarck lustwandelten, seit 1958 als überflüssig.

Glücklicherweise verzögerte sich der Abriss, bis Wasmuth den Prachtbau als Künstlertreff wiederbelebte. Es dauerte nicht lange, da fuhren am Bahnhof unter dem Rolandsbogen berühmte Künstler wie Oskar Kokoschka, Günther Uecker oder Yehudi Menuhin ein. Uecker entwarf 1965 für den Bahnhof das »Bett zum Aufwachen«, und Stephen McKenna verschönerte 1972 die Toiletten mit Wandmalerei. Auch das deutsch-französische Multitalent Hans Arp und seine Frau Sophie waren gern gesehene Gäste in dem klassizistischen Bahnhofsgebäude. Aus diesen Zusammentreffen entwickelte Wasmuth die Idee, dem Künstlerehepaar ein Museum zu widmen.

Erweitert durch den Neubau des berühmten Architekten Richard Meier, eröffnete das Museum 2007 als Drei-Ebenen-Haus. Wer das Gebäude vom Bahnsteig aus erkunden will, wandelt unter den Bahngleisen durch einen Tunnel, der akustisch von donnernden Zügen untermalt ist. Am Tunnelausgang geht es per Aufzug zu einem Turm mit Aussicht auf Rhein und Siebengebirge. Ein Panorama, das der um die Welt gereiste Universalgelehrte Alexander von Humboldt einst als eine der »sieben schönsten Aussichten der Welt« bezeichnete.

Adresse Hans-Arp-Allee 1, 53424 Remagen | **ÖPNV** RB 6, 30, Haltestelle Bahnhof Rolandseck | **Öffnungszeiten** Di–So und an Feiertagen 11–18 Uhr | **Tipp** Im Wild- und Waldpark Rolandseck sind auf einem weitläufigen Gelände mit altem Baumbestand unter anderem Ziegen, Wildschweine und Damwild beheimatet, die sich gern mit einem Snack aus der Wildfutterschachtel verwöhnen lassen.

83 Die Schlachthof-Strecke

Unterwegs auf der »Trasse des Werkzeugs«

Es muss öfter übel gerochen haben am Remscheider Central-Schlachthof. Nur gut, dass der Schlachthof weit entfernt von Wohnhäusern lag und das Vieh von der Eisenbahn schnell angeliefert und das Fleisch abtransportiert wurde. Dafür sorgte in Remscheid rund 100 Jahre lang eine vier Kilometer lange Stichbahn, die vom Remscheider Hauptbahnhof nach Hasten führte.

»Wir haben mehrere Strecken in unserem schönen Deutschland per Bahn durcheilt, schönere Landschaften wie sie diese kurze Strecke bietet, haben wir selten entdeckt«, jubelte im September 1893 die »Remscheider Zeitung«, als die Strecke eröffnet wurde. Die Menschen konnten jetzt von Remscheid aus zur »Filiale« fahren, wie Hasten im Volksmund heißt, weil sich hier seit 1853 die erste evangelische Filialkirche außerhalb Remscheids befindet. Gewerbe und Industrie jubelten ebenfalls über die neue Transportmöglichkeit. Neben dem Schlachthof war die Eisenbahn unter anderem an die Städtische Gasanstalt, die Bergische Stahl-Industrie und die Kornbrennerei Frantzen angeschlossen. Die Strecke gehörte jedoch schnell zu den Verlierern im Rationalisierungsprozess der Reichsbahn: Der Personenverkehr endete bereits 1922. Nach dem Zweiten Weltkrieg transportierten die verbliebenen Güterzüge hauptsächlich Schrott und Stückgut, was die Strecke auf Dauer ebenso wenig überlebensfähig machte wie die beliebten Kirmes-Sonderzüge.

Nach dem Ende am 31. Dezember 1990 folgte drei Jahre später die Gleisdemontage, und die Trasse wurde zum Rad- und Fußweg umgestaltet. An einem eher unscheinbaren Eingang, der nicht ansatzweise die alte Strecke erahnen lässt, erinnert die ehemalige »Schlachthof-Strecke« seit 2006 als »Trasse des Werkzeugs« mit Infotafeln und Relikten wie dem Kesselwagen der Kornbrennerei Frantzen an die Industriegeschichte Remscheids. Die rund vier Kilometer lange Strecke kann auch gut zu Fuß erkundet werden.

Adresse Weststraße, 42857 Remscheid | **ÖPNV** S 7, Bahnhof Remscheid (Fußweg 500 Meter) | **Tipp** Der Stadtpark ist mit knapp 17 Hektar die größte Parkanlage Remscheids. Im dortigen Bismarckturm betreibt die Sternwarte astronomische Volksbildung, und auf dem Schützenplatz sowie in der Konzertmuschel finden regelmäßig Veranstaltungen statt.

84 Der Bahnhof Lennep

Einst »heimlicher« Hauptbahnhof

Ob der Reisende nach Wuppertal oder Solingen, ins märkische Volmetal, nach Köln oder ins oberbergische Wipperfürth wollte: Vom Bahnhof Lennep waren diese Reisen einst alle möglich. Gleich fünf Streckenäste bogen von dem früheren Kreuzungsbahnhof ab. Dabei war Lennep nicht mal Remscheids Hauptbahnhof.

Die Anfänge waren eher bescheiden: Als die Bergisch-Märkische Eisenbahngesellschaft am 1. September 1868 die Strecke von Rittershausen nach Remscheid fertigstellte, war Lennep ein schlichter Unterwegsbahnhof. Das sollte sich in den nächsten Jahren sichtbar ändern. In der Ära des bergischen Bahnbaufiebers von 1840 bis 1912 entstanden in Lennep die Wuppertalbahn nach Radevormwald, über die Zwischenstation Bergisch Born die »Balkantrasse« nach Opladen und die »Wippertalbahn« nach Marienheide. Lennep war damit Anfang des 20. Jahrhunderts Remscheids »heimlicher« Hauptbahnhof.

Dass Lennep im Laufe der ersten Jahrzehnte sehr wichtig war, zeigt die Blütezeit des Bahnhofs, der in dieser Zeit nicht nur über mehr als 40 Gleisstränge verfügte, sondern auch über ein Bahnbetriebswerk, eine Drehscheibe und ein Stellwerk. Hinzu kamen Werksanschlüsse, ein florierender Güterverkehr und die Stückgutannahme. Noch in den 1970er Jahren war Lennep für Eisenbahnfreunde ein Eldorado, denn der Bahnhof war die Station beliebter Nebenstreckenfahrzeuge wie des Schienenbusses VT95, der Diesellok V211 oder des Reichsbahn-Triebwagens VT36. Bei Sonderfahrten hielt hier sogar der legendäre Trans-Europ-Express.

Von der Vielfalt ist nicht mehr viel übrig. Die Gleisanlagen wurden bis auf die zweigleisige Trasse zwischen Solingen-Ohligs und Wuppertal-Oberbarmen zurückgebaut, und im Bahnhofsgebäude befindet sich seit 2017 ein Therapiezentrum. Remscheids »heimlicher« Hauptbahnhof ist heute nur noch eines der Opfer der Radikal-Demontage bergischer Bahnstrecken.

Adresse Am Bahnhof 5, 42897 Remscheid-Lennep | **ÖPNV** S 7, Haltestelle Bahnhof Lennep | **Tipp** Die Welt des Unsichtbaren kann man im Röntgen-Museum entdecken. Sichtbar wird die Faszination der Röntgenstrahlen durch Originalexponate, interaktive Stationen und Modelle.

85 Das Feldbahnmuseum

Ein fahrendes Museum

»Einfach nur Loks ins Museum zu stellen wäre doch langweilig«, meint der Vorsitzende Marcus Mandelartz vom Feldbahnmuseum Oekoven. Deshalb werden die Loks in Oekoven nicht einfach hingestellt, sondern fahren tatsächlich durch das stellenweise wild überwucherte Museumsgelände. Davon können sich die Besucher bei der Fahrt mit der »Gillbachbahn« überzeugen. Benannt ist die einen Kilometer lange Schmalspurstrecke nach dem nahe gelegenen Gillbach, der wegen seines Fischreichtums bei Anglern beliebt ist.

Ebenso beliebt ist die alte, aber gut erhaltene Helix-Dampflok, die auf schmaler Spur dampfend und zischend immerhin zwei Bahnhöfe und zwei Haltepunkte anfährt. Die Fahrt mit der Gillbachbahn ist ein uriges Eisenbahnerlebnis. Stellenweise rumpelt die Lok samt Wagen so heftig über die Gleise, dass der Eindruck entsteht, der Zug könne jederzeit aus den Schienen springen. Aber das Fahrpersonal hat alles im Griff und einen großen Erfahrungsschatz. Bereits im Jahre 1976 gründeten Feldbahnfreunde aus Rheydt den Museumsverein, um eine Schauanlage zu bauen. Fündig wurden die Feldbahner auf dem stillgelegten Grubenanschluss Oekoven von Rheinbraun, die wegen zweier stillgelegter Brikettfabriken bereits arg dezimiert war. Dank eines Stellwerks der angrenzenden Strecke Köln–Mönchengladbach wurde das Gelände an Wasser und Strom angeschlossen.

Seitdem haben die Vereinsmitglieder zahlreiche Gleise verlegt und einen Lokschuppen sowie Werkstatt und Bahnsteige errichtet. Und auch viel gesammelt, nämlich rund 200 Feldbahnfahrzeuge von Gruben, Baustellen oder aus der Landwirtschaft. »Wir wollen diese Exponate für die Nachwelt erhalten«, erläutert Mandelartz. Damit die Fahrzeuge geschützt sind, haben die Mitglieder eine Museumshalle fertiggestellt. Hier kann das ganze Spektrum der Feldbahn auch mal »hingestellt« und bewundert werden. Und gleich nebenan erproben die Nachwuchslokführer ihre Fahrkünste mit einer Holzeisenbahn.

Adresse Zur Werksbahn 1, 41569 Rommerskirchen | **Anfahrt** A 57, Ausfahrt Worringen, Richtung Rommerskirchen L 183, L 93 und B 59 folgen, auf Neurather Straße abbiegen und links auf »Zur Werksbahn« abbiegen | **Öffnungszeiten** Über die Fahrtage informiert die Website www.gillbachbahn.de. | **Tipp** Wie das Säen und Ernten anno dazumal funktionierte, zeigt das Landwirtschaftsmuseum Rommerskirchen in einer Dauerausstellung mit historischen Landmaschinen und Traktoren.

86__Der Gedenkstein
Wo Otto Müller einst servierte

Das Gerücht hält sich hartnäckig: Angeblich wurde der Bahnhof Forsbach auf Wunsch der ansässigen Industrieunternehmen deshalb so weit weg vom Ortskern gebaut, damit die einheimischen Arbeiter nicht nach Köln abwanderten. Die Trassenführung entstand jedoch aus Gründen der Sparsamkeit, weil bei einem Gleisbau mitten durchs hügelige Forsbach wegen der erforderlichen Brücken und Tunnel die Kosten explodiert wären. Das Ergebnis blieb dasselbe: Die Forsbacher mussten für die Zugfahrt erst mal einen Kilometer durch den Königsforst marschieren.

Der Bahnhof entstand im Juli 1890 als Zwischenhalt eines Streckenausbaus. Die Bergisch-Märkische Eisenbahngesellschaft (BME) hatte ab 1868 zunächst die Verbindung von Mülheim am Rhein nach Bensberg gebaut, die anschließend von der Staatsbahn ins Sülztal verlängert wurde. Die heimische Industrie forderte den Ausbau schon länger, aber die BME lehnte die aufwendige »Wald- und Wiesenbahn« durch den Königsforst stets ab. Der Bahnhof Forsbach verströmte mit seinem schlichten Empfangsgebäude samt Stellwerk, Ladegleis und Dienstgebäude klassische Nebenbahnatmosphäre.

Der Bahnhof war betriebstechnisch entsprechend weniger bedeutsam, erlebte aber turbulente Zeiten. Die Bahnhofsgaststätte war ein beliebtes Ziel von Wochenendausflüglern, die der Bahnhofsvorsteher Otto Müller mit Speis und Trank bewirtete. Die geschätzte Gastlichkeit endete im Zweiten Weltkrieg, als der Bahnhof nur knapp von alliierten Bomben verfehlt wurde. Den Krieg überstand der Bahnhof, nicht aber den Niedergang der Bahnstrecke: Bereits ab Januar 1961 hielt in Forsbach kein einziger Zug mehr, und das Gelände verwahrloste zusehends. Pläne der Forstverwaltung, aus dem Bahnhof ein Waldmuseum zu machen, endeten 1979 im Abriss. Mittlerweile erinnert neben dem verbliebenen Schotter der schon 1964 demontierten Gleise nur noch ein Gedenkstein mit Bronzeplakette an die Zeiten, als die Menschen im Bahnhof Forsbach die Feste feierten, wie sie fielen.

Adresse Brück-Forsbacher Weg, 51503 Rösrath | **Anfahrt** A 3, Ausfahrt Königsforst, rechts auf L 284, links auf L 170, bis zur Kreuzung, links auf die Bensberger Straße abbiegen und links auf den Parkplatz (Fußweg 1 Kilometer) | **Tipp** Die Betonbachbrücke auf dem Rennweg erinnert an die einstige Munitionsbahn im Königsforst.

87__Der Bahnhof Hangelar

Gleisrest gegenüber der »Glocke«

Der Nikolaus ist offenbar schon längst ausgestiegen, jetzt steuert ein unbekannter Lokführer die rote Feldbahnlok. Obwohl von Steuern keine Rede sein kann, denn die Lok steht – und das seit 2004 – am ehemaligen Bahnhof Hangelar. Der Bahnhof hingegen blickt auf eine bewegte Geschichte zurück.

Alles begann 1891 mit dem Streckenast der Bröltalbahn von Beuel nach Hennef. Obwohl die Bröltalbahn als erste öffentliche Schmalspurbahn Deutschlands viel Aufmerksamkeit erhielt, war die Station Hangelar nicht sehr bedeutend. Und weil die Trasse mitten durch die Ortschaft verlief, auch eher störend. Der »Störfaktor« wurde deshalb 1954 zum Bahnhof Hangelar der Kleinbahn Beuel–Großenbusch verlegt, weil die Trasse dem Bau einer Bundesstraße im Wege stand und dadurch zwei Bahnübergänge eingespart wurden. Weil zugleich der Übergangsbahnhof der Kleinbahn Beuel–Großenbusch in Siegburg stillgelegt worden war, bekam nun Hangelar diese Funktion. Der neue Schmalspurbahnhof Hangelar erhielt eine Rollwagengrube, an der zur Wagenübergabe das Zu- und Abholgleis der normalspurigen Kleinbahn Beuel–Großenbusch angeschlossen war. Die Anlage war insgesamt sehr großzügig gestaltet, doch das Austauschgeschäft lief schlechter als erwartet. Die Speditionen wurden immer übermächtiger, und die Übergabe zwischen Schmal- und Normalspur endete 1962. Während in Hangelar der Kleinbahnhof zumindest als Torso überlebte, wurde der »schmale« Nachbar dem Erdboden gleichgemacht.

Um an den ersten Bahnhof zu erinnern, kaufte Carsten Gussmann vom Museumsbahnhof Asbach die Feldbahndiesellok einem Hamburger Lokführer ab, der das Gefährt per Lkw nach Hangelar transportierte. Gegenüber hat auch die alte Bahnhofsrestauration überlebt, die um 1900 von Anton Groß mit einem Fahrkartenverkauf eröffnet wurde. Der neue Besitzer hat das Gebäude restauriert und 1998 als Restaurant »Die Glocke« wiedereröffnet.

Adresse Kölnstraße, 53757 Sankt Augustin | **ÖPNV** Bus 518, 529, 635, Haltestelle Hangelar Heckenweg (Fußweg 100 Meter) | **Tipp** Der Flugplatz Hangelar ist der älteste noch betriebene Flugplatz Deutschlands. Rund um das Flugplatzgelände, auf dem Segelflugzeuge, Motorflieger und Helikopter starten, kann man spazieren gehen, wandern oder skaten.

88__Die Ortsdurchfahrt Olef

Mit der Fahne voraus

Selbst die Bezeichnung »Haltepunkt« dürfte für die Station im Eifelörtchen Olef schon gewagt sein. Der Punkt zum Halten besteht aus einer Holzbank, mehr weist nicht darauf hin, dass hier ein Zug halten könnte. Das war auch über 20 Jahre nicht der Fall, denn die Nebenstrecke von Kall nach Hellenthal ist schon seit 1981 vom öffentlichen Schienennahverkehr abgekoppelt. Allerdings wird die »Flitsch«, wie die mittlerweile denkmalgeschützte Trasse im Volksmund liebevoll genannt wird, seit 2006 wieder für Tourismusfahrten genutzt. Und damit kehrte ein spektakuläres Schauspiel nach Olef zurück.

Jedes Mal wenn ein Triebwagen durch den recht engen Ortskern Olefs fährt, geht ein Zugführer voran, um mit einer rot-weißen Fahne den vorbeifahrenden Verkehr zu warnen. Ein Ritual, das schon seit den Anfangszeiten der Strecke in Olef gang und gäbe war. Der Großteil der seit 1884 existierenden Verbindung Kall–Hellenthal verläuft nämlich entlang einer Straße, und die Züge mussten anfangs über 65 Bahnübergänge passieren. Fast zwangsläufig kam es immer wieder zu Unfällen mit der Eisenbahn, bei denen auch mal ein Fuhrmann samt Pferd starb.

Erbost forderten die Bewohner des Oleftals deshalb Schranken, was aber bei den vielen Überquerungen technisch nur sehr aufwendig zu bewältigen gewesen wäre. Stattdessen brachte die zuständige Bahnmeisterei übergangsweise Schilder an, die vor den heranfahrenden Zügen warnten, ehe die Königliche Eisenbahndirektion Köln 1913 anordnete, dass immer ein Zugführer mit Glocke vorausgehen musste. Aus dem Glockenmann wurde der Fahnenmann, der aber immer noch den Ton angibt. Der Zug fährt dann in Schrittgeschwindigkeit über den Olefer Dorfplatz, in dem die Schienen eingelassen sind. In dem ebenso idyllisch wie verschlafen wirkenden Örtchen dürften eigentlich keine größeren Kollisionen zu befürchten sein, aber Vorschrift ist halt Vorschrift.

Adresse Oleftal, 53937 Schleiden | **Anfahrt** A 1, Ausfahrt Wißkirchen, B 266 folgen bis Oleftal in Schleiden | **Öffnungszeiten** Infos zum Fahrplan der Oleftalbahn unter www.oleftalbahn.de | **Tipp** Eine optische Täuschung demonstriert der verrückte Stuhl auf dem historischen Dorfplatz in Olef. Aus zwei Personen mit normaler Körpergröße werden plötzlich David und Goliath. Wie das funktioniert, erläutert die dazugehörige Infotafel.

89 Die Müngstener Brücke

Das Rätsel der goldenen Niet

Gibt es sie oder nicht? Angeblich soll sich zwischen den 934.456 Nieten, die alle Eisenträger der Müngstener Brücke zusammenhalten, eine goldene Niet befinden. Schriftliche Hinweise zur Existenz der »Goldenen Niet« gibt es mehrere, gefunden hat das Goldstück noch niemand. Das Rätsel um diese Legende wird vermutlich nie gelöst, das »Müngstener Rätsel« hingegen wurde schon von vielen gelöst. Bei dem Rätsel handelt es sich um zehn stählerne Plattformen. Betritt jemand diese Platten, wird ein Rätsel in Form einer Geschichte erzählt. Die Rätseltafeln befinden sich verteilt im Müngstener Brückenpark, der jährlich rund 300.000 Besucher anlockt.

Die Müngstener Brücke war schon immer eine Touristenattraktion, denn das mächtige Bauwerk ist eine optische Ausnahmeerscheinung, das einige Superlative bietet: Mit 107 Metern ist das Müngstener Monument die höchste Eisenbahnbrücke und die höchste Stahlgitterbrücke Deutschlands. Als die 465 Meter lange Brücke nach rund dreijähriger Bauzeit am 15. Juli 1897 eingeweiht wurde, beliefen sich die Baukosten auf rund 2,6 Millionen Goldmark. Notwendig wurde die Konstruktion über das Tal der Wupper, um eine direkte Schienenverbindung zwischen den Städten Solingen und Remscheid zu schaffen. Zwar war Solingen seit dem Jahr 1867 und Remscheid seit 1868 mit einem Schienenanschluss versorgt, wer jedoch die nur acht Kilometer voneinander entfernten Orte per Bahn erreichen wollte, musste den 44 Kilometer langen Umweg über Elberfeld nehmen.

Die bis 1918 noch »Kaiser-Wilhelm-Brücke« genannte zweigleisige Verkehrsanbindung inmitten der damaligen Hofschaft Müngsten wurde rasch zum Wahrzeichen des Bergischen Landes, unter dem sich seit 2006 der Brückenpark befindet. Die Besucher können auf großzügigen Rasenflächen entspannen, mit der Schwebfähre die Wupper überqueren oder ein lebkuchenähnliches Gebäck namens »Wupperschlamm« probieren.

Adresse Müngstener Brückenweg 71, 42659 Solingen | **Anfahrt** A 3, Ausfahrt Solingen, auf B 229 in Richtung Solingen / Wiescheid | **Tipp** Einen wunderbaren Ausblick bietet der im neugotischen Stil errichtete Diederichstempel, zu dem ein Höhenwanderweg führt.

90__ Der Trassen-Waggon

Sozialarbeit am »Korkenzieher«

In einem alten Eisenbahnwaggon an einer stillgelegten Bahntrasse bei Kaffee und Kuchen auf die noch unverbaute Solinger Landschaft blicken: Das Angebot klang wirklich verlockend – aber wohl nicht verlockend genug. »Leider ist der Gastronomiebetrieb nicht so gut angenommen worden, wie wir uns das vorgestellt hatten«, berichtet Tanja Isphording, Leiterin der Fuhrgemeinschaft, die sich als soziale Einrichtung seit 1979 in der Siedlung Fuhr um Kinder, Jugendliche und junge Erwachsene kümmert.

Der Waggon stammt von der Firma Bergmeister, deren Werk an der ehemaligen »Korkenziehertrasse« angesiedelt ist. Korkenziehertrasse nannte der Volksmund diese Nebenstrecke, weil sie mit ihren vielen Windungen an einen Korkenzieher erinnerte. »Besser krumm gefahren als grad zu Fuß gegangen« lautete damals das Motto für die 22 Kilometer lange Bahnverbindung, die vom heutigen Solinger Hauptbahnhof nach Wuppertal-Vohwinkel führte. Der verständnisvolle Slogan war einleuchtend, denn die Solinger hatten lange für diese Bahnverbindung gekämpft, die am 12. Februar 1890 fertiggestellt war. Während die Industrie die neue Transportmöglichkeit eifrig nutzte, sorgten die kostengünstigere Straßenbahn und lange Wartezeiten bei den Anschlusszügen in Wuppertal und Solingen bereits 1942 für das Aus im Personenverkehr. Der Güterverkehr hielt sich noch bis 1995. Mit den reichlich sprudelnden Euros der Regionale 2006 baute die Stadt Solingen die demontierte Trasse zu einem Rad- und Wanderweg um. Neben zahlreichen Infotafeln und dem Pfad der Menschenrechte gehört seit 2013 auch der Trassenwaggon zu den Attraktionen.

Trotz des Rückschlags mit dem Café bleibt der grüne Wagen der Trasse erhalten. Mittlerweile bietet die Fuhrgemeinschaft darin unter anderem Sprachkurse und ein Bewerbungstraining für Langzeitarbeitslose an. Auch als Tagungsstätte und Fetenraum wird der Waggon genutzt.

Adresse Schelerstraße 15, 42719 Solingen | **ÖPNV** Bus 682, Haltestelle Heresbachstraße (Fußweg 1 Kilometer) | **Tipp** Im Botanischen Garten können Besucher Schildkröten im Schilf der großen Teichanlage beobachten. Anschließend lockt ein Spaziergang unter anderem zum Tropenhaus, zum Wildbienenlehrpfad oder zum Rosen- und Staudengarten.

91 Der Hauptbahnhof Stolberg

Knotenpunkt in der Kupferstadt

Wenn Bahnhöfe sprechen könnten, hätte der Hauptbahnhof Stolberg viel zu erzählen. Der viel frequentierte Knotenpunkt in der Städteregion Aachen hat Strecken kommen und gehen sehen: Strecken, die noch heute das Rheinland mit dem Sauerland und dem Ruhrgebiet verbinden, und nahezu spurlos verschwundene Strecken.

Alles begann 1841, als die Kupferstadt Stolberg an die Eisenbahnstrecke von Köln nach Aachen angeschlossen wurde. Der Haltepunkt lag allerdings zunächst vier Kilometer vor der Stadt in Atsch. Die Rheinische Eisenbahngesellschaft reagierte damit auf den Druck der Stolberger Industrie, die einen vernünftigen Verkehrsanschluss forderte. Weitere Strecken von Stolberg aus folgten, zum Beispiel ab 1867 nach Stolberg-Spiegelmanufaktur und ab 1870 nach Herzogenrath. Die wachsenden Transportleistungen lockten andere Eisenbahngesellschaften nach Stolberg wie die Bergisch-Märkische mit ihrer »Inde-Talbahn« von Mönchengladbach nach Jülich und die Aachener Industriebahn mit einem Anschluss nach Kohlscheid. Nach der Verstaatlichungswelle legte die Preußische Staatsbahn 1887 zudem eine 3,5 Kilometer lange Stichbahn nach Münsterbusch an. Als 1889 die Züge von Stolberg auch nach Hahn zur Vennbahn rollten, fasste die Staatsbahn die bisherigen drei Bahnhöfe an zentraler Stelle zu einem Keilbahnhof zusammen. Hinzu kam von 1881 bis 1959 dann auch noch ein Straßenbahnanschluss über die Stadtteile Atsch, Mühle und Oberstolberg bis Zweifall.

Im Laufe des 20. Jahrhunderts wurde die Strecke nach Jülich teilweise und die nach Münsterbusch komplett demontiert. Wo in Stolberg Gleise wegfielen, entstanden meist Parkplätze; das denkmalgeschützte Empfangsgebäude wurde umfassend saniert. Dort halten jetzt der NRW-Express nach Hamm, der Rhein-Sieg-Express nach Siegen, die »Stolberger Talbahn« und die S 13 nach Troisdorf.

Adresse Gustav-Wassillikowitsch-Platz 1, 52222 Stolberg (Rheinland) | **ÖPNV** Bahn R1, RE 9, RB 20, S 13, Haltestelle Bahnhof Stolberg (Rheinl) | **Tipp** Wie große Eier muten die beiden historischen Schmelzöfen im Berthold-Wolff-Park an, die von der industriellen Geschichte der einst wohlhabenden Kupfer- und Messingstadt Stolberg erzählen.

92_ Der Eulenbachviadukt

Eine Brücke mit vielen Namen

Der richtige Name wäre eigentlich »Eisenbahnbrücke über den Rinderbach«, so heißt mittlerweile der Fluss, über den sie führt. In der Region ist das Fließgewässer als Eulenbach oder mundartlich Ulenbeek bekannt, nach dem der Viadukt auch offiziell benannt ist. Der Heiligenhauser Volksmund wiederum nennt die markante Konstruktion derb-deftig »Saubrücke«.

Der kuriose Name geht auf einen ehemaligen Gutshof zurück, der »In der Sau« hieß, was übersetzt Sumpfgebiet bedeutet. Die Brücke gehört zur ehemaligen Niederbergbahn, die seit 1886 von Oberdüssel nach Kettwig führte. Damit die Züge das Ulenbeektal überqueren konnten, plante die Eisenbahndirektion Elberfeld einen Viadukt mit sieben Bögen. Die Bauarbeiten begannen im Juli 1913 und standen unter keinem guten Stern. Für den Materialtransport baute die Eisenbahndirektion eine Seilbahn, wobei zwei Arbeiter tödlich verunglückten. Dennoch waren im August 1914 fünf der sieben Brückenbögen fertig. Als der Erste Weltkrieg ausbrach, wurde die Brücke von heimischen Arbeitslosen und russischen Kriegsgefangenen weitergebaut. Im Februar 1916 stürzte dann ein Kleinlokzug mit Baustoffen die Böschung hinunter, Zugführer und Begleiter kamen diesmal mit dem Schrecken davon.

Die Brücke wurde im selben Jahr fertiggestellt, die Reichsbahn war als neuer Eigentümer an der Nebenstrecke aber zunächst nicht mehr interessiert. Nach zähen Verhandlungen der Stadt Heiligenhaus rollte dann acht Jahre später doch der erste Zug über die höchste Natursteinbrücke der preußischen Rheinprovinz. Nachdem im August 1996 mit dem letzten Güterzug die Ära der Niederbergbahn endete, war auch die 168 Meter lange Saubrücke ohne Funktion. Das änderte sich, als die Brücke ab 2011 Bestandteil des »Panoramaradwegs Niederbergbahn« wurde. Weil immer wieder Lebensmüde von dem imposanten Bauwerk sprangen, wurde ein 2,80 Meter hoher Schutzzaun errichtet.

Adresse Parkstraße, 42549 Velbert | **ÖPNV** Bus 169, Haltestelle Parkstraße (Fußweg 500 Meter) | **Tipp** Eine spannende Reise durch 4.000 Jahre Erfindergeist im Dienste der Sicherheit verspricht ein Besuch im Deutschen Schloss- und Beschlägemuseum.

93 Der Bahnhof Kalenborn

Einsame Endstation einer Steilstrecke

Manchmal muss so ein Schienenbus ganz schön schuften. Beispielsweise wenn der einstige »Retter der Nebenbahn« auf der Kasbachtalbahn vom Bahnhof Linz aus nach Kalenborn startet. Spätestens nachdem der Haltepunkt »Brauerei Steffens« passiert ist, kommt der Schienenbus ins Schwitzen. Die rund neun Kilometer lange Strecke zählt zu den steilsten Deutschlands – zwischen Linz und Kalenborn muss der »Rote Brummer« rund 300 Meter hinaufkraxeln. Bis in die 1920er Jahre konnte dieser »Gipfelsturm« nur mit einer Zahnradstange bewältigt werden. Ist der Anstieg dann geschafft, endet die Fahrt am Bahnhof Kalenborn.

Einst ging die Fahrt von Kalenborn weiter bis nach Flammersfeld, wo ein Anschluss zur Oberwesterwaldbahn zwischen Altenkirchen und Au bestand. Gebaut wurde die insgesamt 35 Kilometer lange Verbindung, um die Basaltbrüche und Erzgruben der Region zu bedienen. Der Personenverkehr spielte hingegen immer nur eine Nebenrolle und endete bereits am 29. Mai 1960. Die Ära als Durchgangsbahnhof endete für Kalenborn 1996 mit dem Aus für den Teilabschnitt nach Wiedmühle. Dass nach der Stilllegung ein Jahr später nicht die gesamte Strecke den Bach, oder besser gesagt den Berg runterging, ist der privaten Eifelbahn-Verkehrsgesellschaft zu verdanken, die ab April 1999 unter dem Namen »Drachenland-Express« die ersten Tourismusfahrten startete.

Als Endpunkt der heutigen Kasbachtalbahn wirkt Kalenborn mit seiner Handvoll an Häusern an Sonn- und Feiertagen oft wie ausgestorben. Die Gleise enden parallel zum ehemaligen Empfangsgebäude, das heute ein Wohnhaus ist. Für die Fahrgäste dient jetzt ein gläserner Unterstand als Wartemöglichkeit. Nur eine längere Kolonne Güterwagen, ein wie vergessen wirkender Kesselwagen und das einstige Anschlussgleis zur Schmelzbasalt AG lassen erahnen, dass in Kalenborn eisenbahnmäßig einst mehr Trubel herrschte als beim heutigen Tourismusverkehr.

Adresse Bahnhofstraße, 53560 Vettelschoß | **Anfahrt** A 3, Ausfahrt Bad Honnef/Linz, Richtung Bad Honnef/Linz/Eitorf (Sieg)/Asbach fahren, Rottbitzer Straße und L 253 bis Bahnhofstraße in Vettelschoß folgen | **Öffnungszeiten** Über Fahrzeiten der Kasbachtal-bahn informiert die Website www.diebrex.de/kasbachtalbahn. | **Tipp** Der abgelegene Asberg mit seinen verwunschenen Seen gilt als der einsamste Gipfel des Siebengebirges. Oben angekommen, wird der Wanderer mit einem Panoramablick bis in die Eifel belohnt.

94 Der Bahnhof Waldbröl

Zwischen Wiehl und Wissen

Von Unkraut überwucherte Gleise, Bauschrott auf dem Bahnsteig und ausrangierte Andreaskreuze: Der Bahnhof Waldbröl ist sicher keine sehr gepflegte Erscheinung, aber das muss auch nicht verwundern. Seine besten Zeiten hat der Bahnhof mit gleich vier stillgelegten oder demontierten Strecken schon lange hinter sich, obwohl er gelegentlich ein Comeback feiert.

Begonnen hat die Eisenbahngeschichte Waldbröls am 15. Dezember 1906. Damals verlängerte die Staatsbahn die Wiehltalbahn bis nach Waldbröl. Ein übereilter Vorgang, denn zu diesem Zeitpunkt waren in Waldbröl weder Bahnhofsgebäude noch Lokstation fertig. Auch die Gleisanlagen stellten sich als unzureichend heraus: Drei Bahnhofsgleise und eine Kopframpe waren zu wenig für die täglichen Personen- und Güterzüge. Besonders wenn in Waldbröl der traditionelle Viehmarkt stattfand, war der auch noch schwach beleuchtete Bahnhof völlig überlastet. Zudem hielten hier ab dem 1. Oktober 1908 die Züge der Wissertalbahn nach Wissen. Die Eisenbahndirektion Elberfeld reagierte und baute den Bahnhof bis 1911 weiter aus. Vier Jahre später gab es weiteren Zuwachs mit der Kleinbahn nach Bielstein, die Waldbröl in einen Durchgangsbahnhof verwandelte. Hinzu kam in Waldbröl seit 1870 der nur einen Kilometer entfernte Endbahnhof der Bröltalbahn.

Anfang der 1950er Jahre erreichte der Bahnhof seine größte Ausdehnung: Auf dem Gelände existierten unter anderem eine Viehwaschanlage, eine Bekohlung und sogar zwei Stellwerke. Waldbröls Wachstumsphase endete 1965 mit dem Ende der Wiehltalbahn. Die Kleinbahn hatte schon zwölf Jahre zuvor den Geist aufgegeben, und Waldbröl war seitdem wieder Kopfbahnhof. Waldbröl lebte danach zwischenzeitlich wieder auf, als die Wiehltalbahn ab 1999 ihre Tourismusfahrten startete. Zuletzt war die Station ein Geisterbahnhof, weil nicht weit entfernt eine neue Firmenhalle zu dicht an den Bahngleisen steht.

Adresse Bahnhofstraße, 51545 Waldbröl | **Anfahrt** A 4, Ausfahrt Reichshof/Bergneustadt Richtung Reichshof-Denklingen/Waldbröl/Morsbach, B 256 folgen, Rölefelder Straße, K 26 und Turnerstraße bis Bahnhofstraße | **Tipp** Die sogenannte »Hitlermauer« ist ein Relikt aus der NS-Zeit in Waldbröl. Mit dem Schriftzug »Nie wieder Krieg!« haben Waldbröler Gesamtschüler das Bauwerk in eine Friedensmauer verwandelt.

95_ Der Bahnhof Dalheim

Anlaufpunkt für Auswanderer

Der »Eiserne Rhein« machte es möglich: Die einst von Ludolf Camphausen kreierte Bezeichnung für die Strecke von Köln nach Antwerpen wurde Ende des 19. Jahrhunderts auf die Trasse Mönchengladbach–Roermond übertragen. Durch den grenzüberschreitenden Verkehr zwischen Deutschland, Belgien und den Niederlanden entwickelte sich der Bahnhof Dalheim an der Grenze Roermonds zu einem pulsierenden Mikrokosmos.

Los ging es Anfang des 20. Jahrhunderts, als Russen, Polen und Letten wegen der politischen Entwicklung in Osteuropa nach Übersee flüchten wollten. Die Flüchtlinge mussten aber zunächst warten, bis ein Schiff in Antwerpen zum Auswanderertor an der Scheldemündung auslief. Um das Warten zu erleichtern, wurde am Bahnhof Dalheim eigens eine Auswandererhalle errichtet.

Auch der allgemeine Güter- und Personenverkehr über die Grenzen hinweg sorgte dafür, dass der damals über 15-gleisige Bahnhof neben einer Zollstation auch über ein Postamt verfügte. Mit Beginn des Ersten Weltkriegs im Jahre 1914 strömten die Menschen erneut nach Dalheim. Der Bahnhof war jetzt eine viel frequentierte Durchgangsstation, in der die Menschen tagelang in den notdürftig mit Stroh und Decken ausgestatteten Wartehallen von den Bewohnern rührend versorgt wurden.

Mit Ende des Zweiten Weltkriegs begann der schleichende Niedergang des »Eisernen Rheines«, ehe 1991 der letzte Güterzug die Grenzen passierte. Der Bahnhof Dalheim wurde vom Grenz- zum Sackbahnhof, auch wenn bis 1983 hier noch die Züge nach Ratheim abzweigten. Mittlerweile ist der Bahnhof derart heruntergekommen, dass die verbliebene Verbindung nach Mönchengladbach wie ein Geisterzug anmutet. Zwar gibt es Pläne, die historische Trasse nach Roermond zu reaktivieren, aber die örtliche Politik spricht sich bislang dagegen aus. Das Bundesverkehrsministerium sieht es ähnlich und stuft das Projekt als »nicht vordringlich« ein.

Adresse Sankt-Ludwig-Straße, 41844 Wegberg | **ÖPNV** Bahn RB 34, Haltestelle Bahnhof Dalheim | **Tipp** Noch sehr gut erhalten ist die Schrofmühle am Mühlenbach, deren Wasser-rad eine Ölmühle und Ölpresse sowie eine Getreidemühle mit Sackaufzug antreibt.

96 Das KBE-Museum

Ein Schatz auf Schienen

Rund ein Vierteljahrhundert waren die »Silberpfeile« ein vertrautes Bild für die Menschen an den Rheinufern von Köln und Bonn. Die Elektrotriebwagen der legendären »Rheinuferbahn« mit der ungewöhnlichen Aluminiumbauweise bekamen den Spitznamen wegen ihres silber-verkehrsroten Outfits verpasst.

Im Oktober 1985 hatte auch der letzte Restabschnitt der Rheinuferbahn von Brühl nach Bonn ausgedient und wurde durch das heute noch bestehende Stadtbahnsystem ersetzt. Einige Silberpfeile fuhren danach noch auf der Lokalbahn von Salzburg nach Lamprechtshausen. Ein Exemplar war noch bis 1990 für Sonderzugfahrten unterwegs, mittlerweile hat der pfeilschnelle Silberling aber in Wesseling seine verdiente Ruhestätte gefunden. Gehegt und gepflegt wird der Silberpfeil von den Mitgliedern der Köln-Bonner Eisenbahn-Freunde. Wer ihn einmal besichtigen möchte, kann den Triebwagen in seiner ganzen Pracht auf dem Betriebsgelände bewundern.

Die Vereinsmitglieder haben seit 1987 kontinuierlich ein Eisenbahnmuseum aufgebaut und mit viel Aufwand zahlreiche Raritäten zusammengetragen. Das Ergebnis kann sich sehen lassen: Über 550 Exponate können Eisenbahnfreunde besichtigen, Signale oder Stelltische bedienen und dabei tief in die über 100-jährige Geschichte der Köln-Bonner Eisenbahnen (KBE) eintauchen.

Ein großes Modell des Elektro-Doppeltriebwagens ET 57 gibt es ebenso zu sehen wie ein Diorama des Umschlaghafens Wesseling-Godorf. An den Wänden erinnern viele historische Fotos an die Zeiten, als die Rheinuferbahn entlang der Strecke prächtige Empfangsgebäude passierte. Wer Loks und Waggons einmal im Original sehen will, für den haben die Eisenbahn-Freunde noch ein weiteres Ass im Ärmel: Auf dem Gelände des nicht weit entfernten Museumsbahnhofs Brühl-Vochem bringen die Mitglieder alte Diesel- und Dampfspeicherloks für Museumsfahrten wieder auf Hochglanz.

Adresse Schwarzer Weg, 50389 Wesseling | **ÖPNV** Bahn 16, Bus 721, 930, Haltestelle Wesseling (Fußweg 400 Meter) | **Öffnungszeiten** am 1. und 3. Sa im Monat 10–12.30 Uhr | **Tipp** Nicht nur den Enten gefällt es auf dem Freizeitgelände Entenfang mit seiner großen Wiese, Spiel- und Grillplätzen sowie einer Sportanlage.

97 Die Wiehltalbahn

Ein »Treppenwitz« triumphiert

Prinzipiell hatte die Junge Union recht: »Spielzeugbahnen gehören in den Keller und nicht ins Wiehltal«, titelte sie auf ihrer Homepage. Dumm nur, dass in diesem Fall keine Modelleisenbahn gemeint war, sondern eine Nebenbahn, die der Grund war, dass sich jahrelang Eisenbahnfreunde sowie die Städte Wiehl und Waldbröl bis aufs Blut bekämpften. Der Zankapfel war die Wiehltalbahn, eine rund 24 Kilometer lange, eingleisige Nebenbahn zwischen Osberghausen und Waldbröl.

Die 1897 eröffnete Strecke entstand wegen der Steinbruchbesitzer, die darüber Grauwacke beförderten. Auch viele Pendler nutzten die an die Hütter- und Aggertalbahn angeschlossene Wiehltalstrecke. Der Beförderungsbedarf ebbte nach dem Zweiten Weltkrieg allerdings ab, und im Dezember 1997 war die Strecke offiziell stillgelegt. Und so wäre die Trasse wohl demontiert worden, hätte sich nicht der »Förderkreis zur Rettung der Wiehltalbahn« gegründet und die Strecke von der Deutschen Bahn gepachtet.

Zusammen mit der Rhein-Sieg-Eisenbahn starteten 1999 die ersten Tourismusfahrten. Doch die Gegner schlugen zurück. Die Stadt Wiehl riss zunächst am Bahnhof Wiehl den alten Güterschuppen ab, um dort einen Kreisverkehr zu bauen, und holte sich einen prominenten Unterstützer. Bei der Einweihung des Kreisverkehrs im September 2006 bezeichnete der nordrhein-westfälische Verkehrsminister Oliver Wittke die Wiehltalbahn als »Treppenwitz« und forderte den Abbau. Umgehend pumpten sich Wiehl und Waldbröl 1,1 Millionen Euro, um die Strecke zu kaufen und zu demontieren. Das Verwaltungsgericht zeigte diesem Plan aber die Rote Karte, und das NRW-Verkehrsministerium erteilte im August 2008 eine Betriebserlaubnis bis 2056.

Seitdem haben die Gegner das Kriegsbeil begraben, und die Tourismusfahrten finden weiterhin statt. Die Reaktivierung für einen regelmäßigen Personenverkehr liegt allerdings, wenn überhaupt realistisch, noch in weiter Ferne.

Adresse Bahnhofstraße 20, 51674 Wiehl | **Anfahrt** A 4, Ausfahrt Wiehl/Nümbrecht, L 305, L 366 folgen, Hauptstraße bis Bahnhofstraße | **Tipp** Eine eigene Welt voller Geheimnisse und glitzernder Formschönheit erwartet die Besucher der Wiehler Tropfsteinhöhle, in der man sich nach 26 Stufen sieben Meter unter der Erde befindet.

98 Der Film-Club 86

Ein »Brummer« als Bildungsstätte

Viel Schmeichelhaftes hat Erika Fink über die Bewohner nicht zu berichten: »Die Wipperfürther waren damals sehr grausam zu uns.« Charlotte Meidling pflichtet ihr bei: »Die Kinder haben damals nach uns gespuckt und getreten.« »Damals«, das war von 1945 bis 1960, als die Hansestadt Wipperfürth nach Kriegsende als Durchgangslager für zahlreiche Flüchtlinge diente. Fink und Meidling berichten darüber in dem Film »Das Durchgangslager Wipperfürth« des Film-Clubs 86, der am 22. April 2016 in Wipperfürth Premiere feierte – und zwar in einem Schienenbus.

Seit März 2013 erinnert nämlich ein VT 95 der Uerdinger Waggonfabrik an die Zeiten, als der Bahnhof Wipperfürth auf der »Wippertalbahn« zwischen Bergisch Born und Marienheide eine wichtige Schnittstelle bildete. Von Wipperfürth aus konnten die Menschen mit der Eisenbahn einst über Anschlag und Marienheide in den Märkischen Kreis oder über Lennep nach Köln reisen. Das ist längst Vergangenheit. Die Verbindung nach Anschlag endete bereits 1960, und am 31. Mai 1986 fuhr auf der Wippertalbahn nach 110 Jahren der letzte Personenzug. Ein karger Güterverkehr zwischen Bergisch Born und Wipperfürth konnte sich bis zum Jahresende 1995 halten. Obwohl sich viele Bürger und Politiker für den Erhalt der Strecke einsetzten und die Interessengemeinschaft Bergische Bahnen hier sogar eine Museumsbahn etablieren wollte, blieb der Wippertalbahn die Demontage nicht erspart.

Vom Bahnhof Wipperfürth ist bis auf das Empfangsgebäude und ein paar Gleisreste nichts mehr übrig. Somit hat der »Rote Brummer«, der von Mitgliedern des Film-Clubs 86 betreut wird, die ehrenvolle Aufgabe, die Menschen an das Wipperfürther Eisenbahnzeitalter zu erinnern. Innen und außen können die Besucher alte Gleispläne, historische Fotos und Fahrpläne bestaunen. Neben den Filmvorführungen findet in den Sommermonaten regelmäßig der »Offene Schienenbus« statt.

Adresse Bahnstraße 32, 51688 Wipperfürth | **Anfahrt** A 1, Ausfahrt Wermelskirchen, B 51, B 237, K 5 und B 237 bis Wipperfürth folgen | **Öffnungszeiten** Infos unter www.fc86.de | **Tipp** Gleich drei Luftsportvereine sind auf dem Flugplatz Wipperfürth-Neye beheimatet, die Motor-, Segel- und Modellflüge anbieten.

99 Die Barmer Bergbahn

Eine Tram zum Toelleturm

Die Barmer Anlagen sind flächenmäßig mit 100 Hektar der zweitgrößte Erholungspark Deutschlands. Die grüne Oase im Herzen Barmens lockt mit Wiesen, Teichen und Wanderwegen täglich zahlreiche Erholungsuchende. Der Weg dorthin geht von Barmen aus sehr steil bergauf. Einst kamen die Menschen dort wesentlich bequemer hin: Bis 1959 fuhr nämlich eine Bergbahn zur Grünanlage.

Schon in den 1880er Jahren planten die Initiatoren Albert Molineus und Adolf Vorwerk, das Zentrum der damals noch selbstständigen Stadt Barmen mit dem Wohn- und Erholungsgebiet am Toelleturm auf den Südhöhen zu verbinden. Die 170 Meter Höhenunterschied wollten die Planer zunächst mit einer durch Wasserballast betriebenen Standseilbahn überwinden. Das Rennen machte dann jedoch die Firma Siemens & Halske mit ihrem überzeugenden Entwurf einer elektrischen Zahnradbahn.

Die feierliche Eröffnung der 1,6 Kilometer langen Strecke fand am 16. April 1894 statt. Der Talbahnhof hieß sinnigerweise Bergbahnhof, und von hier aus führte die Trasse bis hoch zum Toelleturm, wo ein Anschluss zur Ronsdorf-Müngstener Eisenbahn bestand. Als mit der Gründung der Stadt Wuppertal im Jahr 1929 die Louisenstraße in »An der Bergbahn« umbenannt wurde, schien der Tram eine lange Zukunft bevorzustehen. Doch der Schein sollte trügen: 1954 beschloss der Aufsichtsrat der Wuppertaler Stadtwerke das Aus für die Bergbahn. Weil viele Bürger dagegen vehement protestierten, fuhr die Bahn allerdings noch bis zum 4. Juli 1959 den Berg hinauf.

Die Barmer haben ihr Bähnchen jedenfalls nicht vergessen. In den Barmer Anlagen befindet sich seit 1984 ein Denkmal in Form einer Antriebsachse. Mittlerweile wurde die demontierte Trasse wieder freigelegt und ihr einstiger Verlauf mit Granitstelen markiert. Zudem will eine Bürgerinitiative die Bergbahntrasse als Touristenattraktion reaktivieren.

Adresse An der Bergbahn, 42289 Wuppertal | **ÖPNV** Bus 640, Haltestelle Barmer Anlagen (Fußweg 50 Meter) | **Tipp** Anhand von betriebsfähigen und original erhaltenen Maschinen sowie audiovisuellen Präsentationen und didaktischen Lernstationen erfahren die Besucher des Museums für Frühindustrialisierung im Engels-Haus hautnah die Lebens- und Arbeitsverhältnisse jener Zeit.

100__ Der Cronenberger Samba

Als die Schienenbusse noch schaukelten

»Wir wollen dich nicht missen, du kleine treue Bahn, das ist der Cronenberger Samba, und der kommt immer pünktlich an«, sang Mitte der 1980er Jahre die Wuppertaler Mundartband Striekspöen. Das gesangliche Flehen nutzte nichts, die Strecke von Steinbeck nach Cronenberg existiert nicht mehr. Die einstige Lieblingsbahn der Wuppertaler ist heute ein Wander- und Radweg.

Seit Oktober 2006 erinnern an der Strecke Infotafeln unter anderem an den Schrankenwärter Hermann Ordegel. Am Bahnhof Küllenhahn haben ehemalige Eisenbahner der einstigen Kultbahn mit den »Samba-Gärten« ein Denkmal gesetzt. Auch der VT95 auf dem Betriebsparkplatz einer Cronenberger Werkzeugfirma zeugt von den Zeiten, als zwischen Cronenberg und Steinbeck die Schienenbusse schaukelten. Alle Cronenberger waren am 1. April 1891 auf den Beinen, als die neue »Perle des Bergischen Landes« feierlich eröffnet wurde. Entstanden war die Verbindung vornehmlich für die ansässige Werkzeugindustrie, aber auch die »Normalbürger« fuhren wochentags gern damit zur Arbeit und am Wochenende vorwiegend in den Staatsforst »Burgholz«. Schnell war die Strecke deshalb auch als »Burgholzbahn« bekannt.

Der Bekanntheitsgrad wuchs, als ab 1955 die Schienenbusse das Regiment übernahmen. Durch ihren langen Achsstand schaukelten die »Roten Brummer« wie Sambatänzer die elf Kilometer lange und ziemlich steile Strecke hoch und wieder runter – der »Cronenberger Samba« war geboren. Trotz ihrer Popularität war die Nebenbahn Mitte der 1980er Jahre der Bundesbahn ein Dorn im Auge. Zwar wehrten sich die Wuppertaler mit der Bürgerinitiative »Rettet den Samba« gegen das Ende, doch als auf der Strecke dann angeblich »Entgleisungsgefahr« bestand, hatte der »Samba« 1988 ausgetanzt. Wer die Strecke »erfahren« und erkunden will, startet am ehemaligen Haltepunkt Hindenburgstraße, von wo der Rad- und Wanderweg bis zum Endbahnhof Cronenberg führt.

Adresse Hindenburgstraße, 42117 Wuppertal | **ÖPNV** Bus 630, Haltestelle Hindenburg-straße (Fußweg 50 Meter) | **Tipp** Exakt 294 Meter über dem Meeresspiegel befindet sich derjenige, der den »Von-der-Heydt-Turm« auf der Königshöhe in Elberfeld besteigt. Wegen seines märchenhaften Aussehens wird das Denkmal auch »Rapunzelturm« genannt.

101 Das Bergische Straßenbahnmuseum

Schienen zu den Schleifkotten

Ausgedehnte Waldgebiete durchziehen das gesamte Tal der Wupper. Und so braucht der Wuppertaler in der Regel nur 15 Minuten von der Innenstadt ins »Grüne«. In diesem Grüngürtel bietet das idyllische Kaltenbachtal mit seinen ehemaligen Hammerwerken, Schleifkotten und Fruchtmühlen eine besonders reizvolle Mischung aus Natur und Technik. Zudem gibt es hier etwas, was in Wuppertal sonst schon lange nicht mehr zu erleben ist: eine fahrende Straßenbahn.

Die letzte »Elektrische« rollte im Mai 1987 über die Schienen, seitdem ist Wuppertal sozusagen fast straßenbahnfrei – aber eben nur fast. Vom umfangreichen Schienennetz blieb ein 3,2 Kilometer langes Reststück, auf dem einst die Überlandlinie 5 von Kohlfurth nach Cronenberg verkehrte. Jetzt fahren auf dieser Trasse seit 1992 die Triebwagen der Bergischen Museumsbahnen. Die ebenso rührigen wie äußerst regen Vereinsmitglieder gründeten sich 1969 kurz vor der Stilllegung der letzten Meterspur-Straßenbahn, um dieses Stück Wuppertaler Verkehrsgeschichte für die Nachwelt zu erhalten.

Seitdem haben die Straßenbahnfreunde in vielen Arbeitsstunden Gleise instand gesetzt, neue Fahrleitungsmasten aufgestellt und eine Fahrzeughalle errichtet. Die Fleißarbeit zahlt sich aus, denn das Museum bietet dem Besucher seit 1992 authentische Depotatmosphäre mit historischen Fahrzeugen, die nicht nur »rumstehen«. Schleiflok, Turmtriebwagen und Güterloren sind immer noch unermüdlich im Arbeitseinsatz. Am Wochenende befördern die alten Schätzchen – historisch stilecht mit Schaffner – Besucher von Kohlfurth nach Gleuel. Von der Haltestelle Petrikshammer führt ein Wanderpfad zum Manuelskotten. Das industriegeschichtliche Denkmal ist der letzte Schleifkotten, der in Wuppertal noch tätig ist.

Adresse Kohlfurther Brücke 57, 42349 Wuppertal | **ÖPNV** Bus CE 64, Haltestelle Kohlfurther Brücke (Fußweg 300 Meter) | **Öffnungszeiten** Museum: ganzjährig Sa 11–17 Uhr, Infos zu Fahrtagen auf www.bmb-wuppertal.de | **Tipp** Wer Urlaubsgefühle an der Wupper erleben will, sollte sich zum Strand-Café begeben, wo Liegestühle und Strandkörbe auf gleich drei Chillout-Stränden stehen.

102 — Das Bahnbetriebswerk Langerfeld

Das Tor zur Vergangenheit

»Bahn-Betriebswerk Wuppertal-Langerfeld 1912=1983«. Das Schild, das 2005 vom Bürgerverein Langerfeld gründlich restauriert wurde, ruht auf zwei Pfosten, die einst das Tor zum Bahnbetriebswerk Langerfeld bildeten. Es lag an der Strecke von Elberfeld nach Dortmund, in direkter Nachbarschaft des Bahnhofs Langerfeld, der untrennbar mit der Geschichte des Betriebswerks verbunden ist.

Die Strecke Elberfeld–Dortmund kreuzten nämlich die Züge der »Rheinischen Strecke« nach Dortmund-Süd und der »Balkantrasse« nach Opladen. Der immense Durchgangsverkehr von Kohlenzügen aus dem Ruhrgebiet Richtung Remscheid und Solingen erforderte außerdem viele betriebsbereite Dampflokomotiven. Geprägt war die Anlage von zwei großen Rundschuppen mit jeweils 25 und 28 Standplätzen sowie einer Bekohlungsanlage und einer Krananlage, um die Dampfloks zu entschlacken. Bespannt wurden hier in erster Linie die Züge des damals bestehenden Nahverkehrs. Das Ende nahte Mitte der 1960er Jahre mit den Anfängen des elektrischen Zugbetriebs, der Dampflokomotiven zunehmend überflüssig machte. Das Bahnbetriebswerk wurde ab Juni 1964 schrittweise aufgelöst. Zunächst rumpelten noch Güterwagen, schrottreife Dampfloks und Museumsfahrzeuge auf das Geistergelände, bis Anfang der 1980er Jahre der Restabriss erfolgte.

Viel ist außer dem kläglichen Rest der unteren Schuppenmauer des westlichen Lokschuppens am Eingang zum Autotunnel der Kohlenstraße nicht mehr zu entdecken. Die Gedenktafel befindet sich am einstigen Eingang der Betriebsstätte. Wer möchte, kann sich davor auf die Holzbank setzen und beim Klang der im Hintergrund vorbeirasenden Regional- und Fernzüge an die »gute alte Zeit« denken, als Wuppertal noch ein Bahnmittelpunkt des Bergischen Landes war.

Adresse Kohlenstraße, 42389 Wuppertal | **ÖPNV** S 8, Haltestelle Bahnhof Langerfeld (Fußweg 100 Meter) | **Tipp** Über 1.000 Postkarten haben Kinder aus aller Welt zum Thema »So wird meine Zukunft« gemalt. Wie beispielsweise ein siebenjähriges Mädchen in Rumänien seine Zukunft sieht, ist im Kindermuseum Wuppertal zu sehen.

103__Das Mahnmal

Im Räderwerk der Reichsbahn

Wiel Tulmans, Jan Reintjes und Louis Keursten verbindet ein gemeinsames Schicksal: Noch als Jugendliche wurden die drei Niederländer im Oktober 1944 von der Wehrmacht aus dem Gebiet um Venlo verschleppt, um im Dritten Reich Zwangsarbeit zu leisten. Wie auf einem Sklavenmarkt wurden die drei Teenager ins Durchgangslager Wuppertal-Giebel gebracht, um dort auf die Einsatzorte verteilt zu werden.

Ein Einsatzort war das Gelände der Reichsbahn in Wuppertal-Langerfeld, wo die Arbeit hart war und die Versorgung karg. Über 100 Männer und Frauen waren von 1941 bis 1945 in einem Barackenlager zusammengepfercht. Vielleicht wären diese Schicksale für immer in Vergessenheit geraten, wenn nicht der evangelische Pfarrer Uwe Leicht 1999 eine Arbeitsgruppe gegründet hätte, die sich mit der Geschichte der Zwangsarbeiter in Langerfeld befasst. Zwei Jahre später besuchten einige der dort beschäftigten Zwangsarbeiter den ehemaligen Baracken-Standort, an dem sich heute ein Reisebusunternehmen befindet. Bereits ein Jahr später wurde bei einer ökumenischen Gedenkfeier am früheren Eingang des Lagers ein Mahnmal eingeweiht, das der Inhaber des Reisebusunternehmens Harro Meinhardt selbst dort angebracht hatte. Seitdem erinnert das schlichte Mahnmal aus Steinen und zwei in den Boden gerammten Schienenstücken an dem schmalen Feldweg in der Nähe des heutigen Radweges »Nordbahntrasse« an die tragischen Ereignisse. Eine Gedenktafel zeigt neben einem kurzen Infotext auch eine vergleichbare Baracke aus dieser düsteren Epoche.

Seither haben verschiedene Organisationen und Initiativen bei zahlreichen Veranstaltungen das Schicksal der damaligen Zwangsarbeiter aufgearbeitet. Zu Gast waren bei einer solchen Veranstaltung auch Tulmans, Reintjes und Keursten. Die drei Zeitzeugen berichteten, dass sie im April 1945 glücklicherweise von der US-Armee befreit wurden.

An dieser Stelle befand sich von 1941-1945
ein Barackenlager für Zwangsarbeiter.
Die 102 Frauen, 3 Männer aus Osteuropa und ein
Franzose wurden bei der Reichsbahn eingesetzt.

„Einen Fremden sollst du nicht
ausnutzen oder ausbeuten, denn ihr selbst
seid in Ägypten Fremde gewesen."
2. Mose 22,20

Ev. Kirchengemeinde Langerfeld
Kath. Kirchengemeinde St. Raphael / St. Paul

Auf Spurensuche
Ehemalige Zwangsarbeiter
Hg. „Eicken Hahn" Zu den Dolinen,
Mai 2001

Vergleichbare Baracken
in der Flinte um 1948

Adresse Zu den Dolinen 121, 42279 Wuppertal | **ÖPNV** Bus 606, 632, 642, Haltestelle
Bramdelle (Fußweg 800 Meter) | **Tipp** Ein wichtiges Refugium für Tiere und Pflanzen, die
in Kalkbuchenwäldern leben, ist das Naturschutzgebiet »Dolinengelände Im Hölken«.

104__ Der Bahnhof Loh

Mit der Draisine ins Dickicht

Welcher Eisenbahnfreund träumt nicht davon, mit einer Draisine die Schienenwege einstiger Güterzüge zu erforschen? Mit Pedalkraft wird die Höchstgeschwindigkeit von 15 Kilometern pro Stunde erreicht. Der Bahnhof Loh bietet dieses reizvolle Abenteuer auf einer 1,6 Kilometer langen Originalstrecke mitten durch den Wald.

Loh gehört sicher zu den reizvollsten Bahnhöfen der ehemaligen »Rheinischen Strecke«, die einst von Düsseldorf über Wuppertal unter anderem ins Ruhrgebiet führte. Zudem ist der heutige Draisinenbahnhof zentraler Zugangspunkt für den Fuß-, Rad- und Skaterweg, der seit 2014 als »Nordbahntrasse« auf der seit 1999 nicht mehr von Eisenbahnzügen befahrenen Strecke entstanden ist. Ein Teil der Draisinenstrecke führt zudem auf die Spuren einer weiteren Spezialtrasse, die einst vom Bahnhof Loh abzweigte. Die »Barmer Schlachthofbahn« bediente ab 1894 über einen Viadukt den Schlachthof an der Schützenstraße, in dem jährlich bis zu 73.000 Tiere geschlachtet wurden.

Die nur 1,5 Kilometer lange Strecke wurde dann 1911 bis nach Hatzfeld verlängert und war zugleich Güterzugstrecke und Straßenbahnlinie. Die Schlachthofbahn ist ebenso Geschichte wie die Rheinische Strecke. Am überdachten Bahnsteig präsentiert deshalb eine Infotafel, neben den Abfahrtszeiten der Draisine, mit Farbfotos eindrucksvolle Impressionen vom einstigen Zugverkehr. Auch sonst bietet der ehemalige Bahnhof Loh mit seinen alten Bahnrelikten nicht nur optisch eine Menge Abwechslung. Auf einer Holzlok kann der Nachwuchs die einstige Eisenbahnromantik nachempfinden. Im ehemaligen Bahnhofsgebäude bietet das Café Tacheles Ausstellungen, Veranstaltungen und Open-Air-Konzerte auf dem Bahnsteig. Und nur einen Steinwurf vom Bahnsteig entfernt kann sich der Besucher durch den Kauf eines Glases »Nordbahntrassenhonig« den Eisenbahngenuss auf der Zunge zergehen lassen.

Adresse Rudolfstraße 125, 42285 Wuppertal | **ÖPNV** Bus 612, 622, Haltestelle Loher Bahnhof (Fußweg 150 Meter) | **Öffnungszeiten** Die Draisine fährt in den Sommermonaten jeden So 14–17 Uhr ab Bahnhof Loh, Gleis 3. | **Tipp** Den berühmten Bausteinen täuschend ähnlich sieht die Lego-Brücke, der für ihr ungewöhnliches Outfit 2012 sogar der Deutsche Fassadenpreis verliehen wurde.

105 Der Bahnhof Oberbarmen

Wo einst die Ritter hausten

»Wir haben keine süßen Reben und schöner Worte Überfluss und haben nicht so bald für jeden den Brudergruß und Bruderkuss«, heißt es im Westfalenlied. Verfasst hat es Emil Rittershaus, der aus einer Familie stammte, die schon im 15. Jahrhundert mit ihrem Hof die umliegenden Rittersitze versorgte. Aus dem Hof wuchs das Dorf Rittershausen, das sich in späteren Jahrzehnten der Stadt Barmen anschloss.

Den Anschluss an die Welt außerhalb des Wuppertals ermöglichte, wie so oft, die Eisenbahn. 1847 entstand der Bahnhof Rittershausen an der Strecke von Elberfeld nach Dortmund. Der Bahnhof nahe alter Kohlentransportwege entwickelte sich zu einem Verkehrsknotenpunkt, an dem einst Straßen- und Schwebebahn sowie Oberleitungsbus hielten.

Ein belebender Zuwachs war ab 1868 der auf Drängen der Metallindustrie errichtete Abzweig ins benachbarte Remscheid. Dadurch schuf Rittershausen einen Schienenweg, der später über die Müngstener Brücke auch nach Solingen führte. Zudem gelangten Mensch und Waren zwei Jahre später über Lennep ins oberbergische Hückeswagen oder in den bergischen »Balkan« nach Wermelskirchen. Vier Jahre danach dampften die Züge von Rittershausen auch zum Bahnhof Wichlinghausen auf die »Rheinische Strecke«. Die Staatsbahn wertete den Bahnhof, der ab 1930 als »Wuppertal-Oberbarmen« firmierte, weiter auf. Eine Güterverladung und ein Betriebswerk entstanden, und ab 1920 wurde das alte Empfangsgebäude durch einen stattlichen Neubau ersetzt.

Der Bahnhof hat seitdem viel von seiner einstigen Größe verloren. Anstelle des im Krieg zerstörten Empfangsgebäudes steht ein schlichter Zweckbau, Güterverladung sowie Betriebswerk wurden dem Erdboden gleichgemacht. Straßenbahn und Oberleitungsbusse fahren in Wuppertal nicht mehr, aber nach wie vor hält am Bahnhof neben den Omnibussen die Schwebebahn, die dem geschrumpften Areal noch ein wenig vom alten Flair verleiht.

Adresse Oberbarmen Bahnhof, 42277 Wuppertal | **ÖPNV** Schwebebahn, Bahn RB 48, RE 7, S 8, Bus 602, 636, 638, 646, Haltestelle Oberbarmen Bahnhof | **Tipp** Die Kunst des Kletterns können Familien mit Kindern und Anfänger in der Kletterhalle »Wupperwände« lernen. Für die Kraxelei unter fachkundiger Anleitung stehen über 1.300 Quadratmeter Kletter- und 200 Quadratmeter Boulderfläche zur Verfügung.

106 Die Ronsdorf-Müngstener Eisenbahn

Als »Kückelhahn-Toni« ins Rutschen kam

Es stank förmlich zum Himmel – und zwar nach Hering. Bei der Eröffnungsfahrt der Ronsdorf-Müngstener Eisenbahn am 20. Mai 1891 kamen zwei Knaben auf die Idee, verdorbenen Fisch auf den Schienen der Schmalspurstrecke zu verteilen. Zu viel Fisch für den »Kückelhahn-Toni«, der nur noch prustend und fauchend auf der Stelle rutschte.

Wegen ihrer schnaufenden und stets von lautem Gebimmel begleiteten Fahrweise hatte die Lok schnell ihren Spitznamen Kückelhahn-Toni weg. Nicht der einzige »Kosename« für die Kleinbahn, die von Ronsdorf nach Müngsten zuckelte: Weil die benachbarten Städte rund um das Morsbachtal und 25 Privataktionäre auf die veranschlagten Baukosten von 500.000 Mark noch mal den gleichen Betrag draufpacken mussten, nannte der Volksmund die Strecke spöttisch »Millionenbahn«.

Zum Millionengeschäft entwickelte sich die rund 15 Kilometer lange Strecke allerdings nie. Das große Geld sollte eigentlich der Kohletransport bringen, aber es blieb stets nur ein kleiner Überschuss. Lukrativer war zumindest zeitweilig der Personenverkehr, der ab 1894 durch den Bau einer Anschlussstrecke zur Barmer Bergbahn und durch die drei Jahre später fertiggestellte Müngstener Brücke erheblich zunahm. Nur Toni sorgte immer wieder für Pannen, weil das Lökchen mehr als einmal aus den Schienen sprang.

Mit der Elektrifizierung der Strecke hatte der Kückelhahn ausgekräht, am 30. August 1959 wurde der Betrieb eingestellt. Der Stadtbahnhof musste Mitte der 1960er Jahre dem Stadtbad weichen, und die demontierte Bahn verschwand aus dem kollektiven Gedächtnis. Die Erinnerung kam zurück, als am 25. März 2006 neben dem Schwimmbad ein Denkmal enthüllt wurde. Jetzt erinnert eine Straßenbahnachse samt Zeittafel an die Ära, als der Kückelhahn ins Rutschen kam.

Adresse Am Stadtbahnhof, 42369 Wuppertal | **ÖPNV** Bus 620, 630, 640, 650, Haltestelle Lüttringhauser Straße (Fußweg 200 Meter) | **Tipp** Ronsdorf war einst das Zentrum der Bergischen Heimbandweberei. Davon zeugt heute das »Bandwirkermuseum« mit einem Überblick über die Geschichte des Bandwebens sowie die hier gefertigten Bänder, Kordeln und Spitzen, die als »Barmer Artikel« bekannt wurden.

107 Der Sonnborner Viadukt

Wo sich Eisen- und Schwebebahn treffen

Ein Zug fährt auf der Brücke, die Schwebebahn unter der Brücke, die Straßenbahn neben der Brücke, ein Zeppelin über der Brücke, und dann ist da noch ein Raddampfer, der unterhalb der Schwebebahn die Wupper durchpflügt: Es soll tatsächlich eine alte Postkarte geben, die diese fünf Verkehrsmittel am Sonnborner Viadukt vereint. Mit dem Künstler ist damals allerdings die Phantasie durchgegangen, denn ein solches Zusammentreffen hat es nie gegeben.

Dennoch war und ist die Brücke, die früher auf zahlreichen Postkarten und heute immer noch auf vielen Fotos festgehalten wird, für viele Eisenbahnfreunde eine Inspiration. Tatsächlich ist diese Brücke der einzige Ort in Wuppertal, an dem sich Eisen- und Schwebebahn kreuzen; anstelle der Straßenbahnen halten dort jetzt allerdings Busse.

Entstanden ist das Brückenwerk im Jahre 1840 beim Bau der Strecke Düsseldorf–Elberfeld. Der für den Trassenbau zuständige Eisenbahningenieur Eduard Wiebe entwarf die Brücke als sechsbogigen, eingleisigen Viadukt. Schlagzeilen machte die Schienenbrücke dann durch ein schweres Unglück: Am 16. März 1890 entgleiste auf der Brücke ein Güterzug und stürzte mit 32 Wagen in die Wupper. Zwei Hilfsbremser starben, und noch 1959 tauchten bei Ausbaggerungsarbeiten in der Wupper ein Rad und eine Eisenbahnachse vom Desaster Ende des 19. Jahrhunderts auf.

Um die Strecke auf vier Gleise zu erweitern, wurde eine neue Brücke gebaut, die 1914 fertig war. Für rund 970.000 Mark wurden die sechs Bögen durch einen 66 Meter langen Bogen ersetzt, auf dem mehrere kleine Rundbögen ruhen. Dadurch verlor die Sonnborner Brücke viel von ihrem imposanten Charme. Nach wie vor ist sie aber ein lohnendes Fotomotiv, auch wenn der Moment, in dem sich Eisen- und Schwebebahn treffen, Geduld erfordert. Lohnend ist die Station auch für Fußballfans, denn im Zoo-Stadion »um die Ecke« trägt der Wuppertaler SV seine Heimspiele aus.

Adresse Friedrich-Ebert-Straße, 42117 Wuppertal | **ÖPNV** Schwebebahn, Bus 600, 629, 639, Haltestelle Zoo/Stadion (Fußweg 100 Meter) | **Tipp** Der »Grüne Zoo Wuppertal« wurde als einziger seiner Art in das Europäische Gartennetzwerk aufgenommen. In den Außenanlagen können Affen, Elefanten oder Pinguine beobachtet werden.

108 Der Schwebebahnpark

Grüne Oase mit Lerneffekt

»Jeder Schwebebahnwagen hängt an zwei Drehgestellen, die mit je zwei Rädern auf der Schiene laufen. Sie dienen gleichzeitig als Antriebssatz und als Lastenübertragungsteil.« Wer das bislang nicht wusste, kann es nachlesen, und zwar im Stationsgarten nahe der Schwebebahn-Endstation Vohwinkel. Ein entsprechendes Drehgestell auf Schwebebahnschienen als Anschauungsobjekt steht ebenfalls in dem kleinen Park, dessen Ruhe regelmäßig von den ein- und abfahrenden Schwebebahnzügen unterbrochen wird.

Das benachbarte Einkaufszentrum und die belebte Hauptverkehrsstraße sorgen gleichfalls dafür, dass der Schwebebahnpark eine grüne, wenn auch nicht stille Oase mit Lerneffekt ist. Neben dem Drehgestell sind im Schwebebahnpark noch zwei Knoten des Gerüstfachwerks aus der oberen und unteren Horizontalen und der Fuß einer Pendelstütze der Landstrecke aufgestellt; jedes Exponat wird von einer historisch bebilderten Infotafel begleitet. So erfährt der Besucher, dass die Schwebebahnstrecke von Oberbarmen nach Vohwinkel auf 467 Pendelstützen fährt. Die ausgestellten Stücke sind teilweise über 100 Jahre alt, stammen also aus den Anfängen der Schwebebahnära.

Erdacht hat das Denkmal Michael Spitzer, der Vorsitzende der Werbegemeinschaft Vohwinkel, dem diese Idee schon länger im Kopf herumspukte. Mit Sponsoren und dem Förderverein »Historische Schwebebahn« setzte Spitzer seine schwebende Vision dann im November 2015 in die Tat um. Das neue Freilichtmuseum wurde passenderweise am selben Tag eingeweiht wie der neue Schwebebahnwagen.

Ursprünglich wollte Spitzer im Stationsgarten sogar einen ausrangierten Schwebebahnwagen platzieren, was aber an den Größenverhältnissen scheiterte. Ganz auf das Schwebebahngefühl müssen zumindest die kleinen Besucher nicht verzichten, denn ein solches Gefährt gibt es im Park als Schaukelgerüst.

Adresse Am Stationsgarten, 42327 Wuppertal | **ÖPNV** Schwebebahn, Haltestelle Vohwinkel Schwebebahn (Fußweg 150 Meter) | **Tipp** Das nahezu unverändert gebliebene Schloss Lüntenbeck ist eine ehemalige Wasserburg, die zu den ältesten Gebäuden Wuppertals zählt. In der Adventszeit findet dort der Lüntenbecker Weihnachtsmarkt statt.

109__Der Bahnhof Wichlinghausen

Ein Halt für alle Himmelsrichtungen

Das Leben ist zum Bahnhof Wichlinghausen zurückgekehrt. Dafür sorgen täglich junge Parkourläufer, die sich auf einer 1.000 Quadratmeter großen Anlage an Hindernissen, Stangen und Mauern austoben. Rund 370.000 Euro kostete das »Parkour-Plateau«, das bei Wuppertals Jugend gut ankommt.

Direkt im Anschluss zeugen Flügelsignal, Bahnsteigüberdachung und Bahnhofsschilder davon, dass hier einst nur Eisenbahnzüge ankamen. Der Bahnhof Wichlinghausen, auf einem großen Plateau oberhalb des Schwarzbachs erbaut, war die östliche Drehscheibe für die »Rheinische Strecke«. So hieß inoffiziell die 73 Kilometer lange Trasse zwischen Düsseldorf und Dortmund, die von der Rheinischen Eisenbahngesellschaft am 15. September 1879 fertiggestellt wurde. Die Strecke war ein Konkurrenzprojekt zur talwärts gelegenen Stammstrecke des Rivalen Bergisch-Märkische Eisenbahngesellschaft. Weil die Trasse an den Nordhängen von Barmen und Elberfeld entlang gebaut wurde, mussten großzügige Brücken und Tunnel errichtet werden, was entsprechende Kosten verursachte. Viel Geld steckte die Gesellschaft auch in die Bahnhöfe, wobei Wichlinghausen herausragte. Hier zweigten die Züge in alle Himmelsrichtungen ab: auf die »Kohlenbahn« nach Hattingen, Richtung Remscheid und Solingen, nach Langerfeld und ins Ruhrgebiet. Anschlussgleise bedienten die umgebenden Industriebetriebe, und Anfang des 20. Jahrhunderts arbeiteten auf dem Bahnhofsgelände über 140 Mitarbeiter.

Der Aufwand sollte sich nicht rentieren, denn die Rheinische Strecke erfüllte die Erwartungen nicht: Der letzte Güterzug verkehrte im Dezember 1999. Obwohl in Wichlinghausen, wie auf dem Rest der heutigen »Nordbahntrasse«, nur noch Radfahrer und Fußgänger unterwegs sind, lässt der Bahnhof Wichlinghausen immer noch seine einstige Bedeutung erahnen.

Adresse Dr.-Kurt-Herberts-Straße, 42277 Wuppertal | ÖPNV Bus 622, Haltestelle Görlitzer Platz (Fußweg 300 Meter) | Tipp Ein Eldorado für Skater und Biker ist die Halle der »verrückten Hölzer« in den Wicked Woods.

110___ Der Bahnhof Euchen

Ein Bahnrest am Barfußpfad

»Hier soll eine Eisenbahn gefahren sein?«, wird sich mancher fragen, der sich auf die Spuren stillgelegter Bahnstrecken begibt. Zu diesen verschwundenen Eisenbahnorten zählt Euchen, wo scheinbar nichts mehr an den Anschluss nach Aachen und Jülich erinnert.

Aber drehen wir erst mal das Rad der Geschichte zurück auf das Jahr 1873. Nach dem Ende des Deutsch-Französischen Krieges erlebte das Deutsche Reich einen wirtschaftlichen Aufschwung, für den Kohle benötigt wurde. Das »schwarze Gold« förderten auch die Aachener Grubenbesitzer im Wurmrevier. Damals transportierten Pferdebahnen die Kohle, was sehr zeitraubend war – die Eisenbahn mit stählernen Rössern musste her. Die Eisenbahngesellschaften scheuten aber den Bau von Industriebahnen, weil sie finanzielle Verluste befürchteten. Die verzweifelten Grubenbesitzer mussten also das Heft selbst in die Hand nehmen. Um den Eisenbahnbau zu beschleunigen, gründeten die Industriellen am 6. April 1873 die »Aachener Industriebahn AG«.

Am 26. September 1875 wurde der erste Abschnitt von Würselen nach Mariagrube eröffnet, mit Zwischenhalt in Euchen. Ende des Jahres folgte der Abschnitt von Würselen nach Aachen-Nord und bis Oktober 1882 die Verlängerung bis Jülich. Der Euchener Bahnhof war primär für den Landhandel gedacht und entsprechend bescheiden. Ein Anschlussgleis führte ab 1897 zur Grube »Gemeinschaft«, wo aber nie Kohle gefördert wurde. Die zunächst auch im Personenverkehr ertragreiche Strecke erlebte einen stetigen Abstieg, der Silvester 1983 mit der Stilllegung endete.

Das kaum noch erkennbare Euchener Bahnhofsgebäude ist mittlerweile in Privatbesitz, das restliche Bahngelände kaufte 1993 der Tiergnadenhof Arche. Als die Mitglieder einen Barfußweg anlegten, schaufelten sie ein altes Gleisstück frei, das jetzt an die Zeit erinnert, als das kleine Euchen den Duft der großen weiten Eisenbahnwelt schnupperte.

Adresse Hüpchensweid 11, 52146 Würselen | **Anfahrt** A 4, Ausfahrt Eschweiler-West
Richtung Eschweiler-West / Stolberg / Alsdorf auf Aachener Straße, Eschweilerstraße und
L 223 bis Hüpchensweid | **Tipp** Eine abwechslungsreiche Fotosafari für Naturfreunde
ermöglicht die urwüchsige Auenlandschaft im Naherholungsgebiet Broichbachtal.

111 Der Haltepunkt Nemmenich

Hollywood am Haltepünktchen

Der Stadtteil Nemmenich in der Zülpicher Börde besitzt eine Kirche, zwei Burgen und einen der ungewöhnlichsten Haltepunkte der Region. Am Ortsrand an Feldweg, Blumenbeet und Wildwiese gelegen, ist das Haltepünktchen die perfekte Vorlage für die klassische Nebenbahnidylle einer Modelleisenbahn. So klein der 55 Meter lange Haltepunkt auch ist, spielte er doch bei der schrittweisen Reaktivierung der 1983 im Personenverkehr stillgelegten Strecke Düren–Euskirchen eine große Rolle.

1955 errichtet, ist Nemmenich mit seinem winzigen Wärterhäuschen die einzige Station zwischen Zülpich und Euskirchen. Als dort keine Züge mehr hielten, ereilte Nemmenich das typische Stillgelegt-Schicksal: Die Station verfiel zusehends. Und zwar so eklatant, dass irgendwann nicht mal mehr ein Bahnsteig existierte. Als die Strecke als Bürgerbahn namens »Börde-Express« ab 2010 zumindest an einigen Wochenenden ein Comeback feierte, stand Nemmenich dennoch im Brennpunkt des Bahngeschehens. Die Deutsche Bahn legte den baufälligen Bahnhof 2013 aus Sicherheitsgründen kurzerhand still. Die Ehrenamtler der IG Rurtalbahn und der »Bürgerbahn« blieben jedoch nicht still sitzen, sondern bauten mit Füllkies, Zement und viel Arbeitsschweiß in wenigen Monaten einen neuen Bahnsteig. Und zwar so gelungen, dass Nemmenich bei der jährlichen Bewertung des »Nahverkehrs Rheinland« bei der Kundenzufriedenheit im Kreis 2017 unangefochtener Spitzenreiter war. Zugleich schrieb Nemmenich ein ungewöhnliches Stück Eisenbahngeschichte, denn erstmals hatte die Deutsche Bahn einen Haltepunkt an eine Stadt verpachtet.

Und auch »Harald« fühlt sich an diesem Eisenbahnort wohl. Harald ist der Protagonist im Kurzfilm »Harald hilft mit«, den der Regisseur Simon Glass über den letzten Schrankenwärter Deutschlands gedreht hat – mit dem Haltepunkt Nemmenich als Filmkulisse.

Adresse Am Bahnhof, 53909 Zülpich | **Anfahrt** A 1, Ausfahrt Euskirchen, rechts abbiegen, rechts abbiegen auf L 61, rechts abbiegen auf Heerstraße / B 56, rechts abbiegen auf Bahnhofstraße, links abbiegen auf Am Bahnhof | **Tipp** Römische Toilettenartikel, eine mittelalterliche Badestube und aktuelles Baddesign präsentiert das Museum der Badekultur. Bestaunen kann man auch die sehr gut erhaltene römische Thermenanlage.

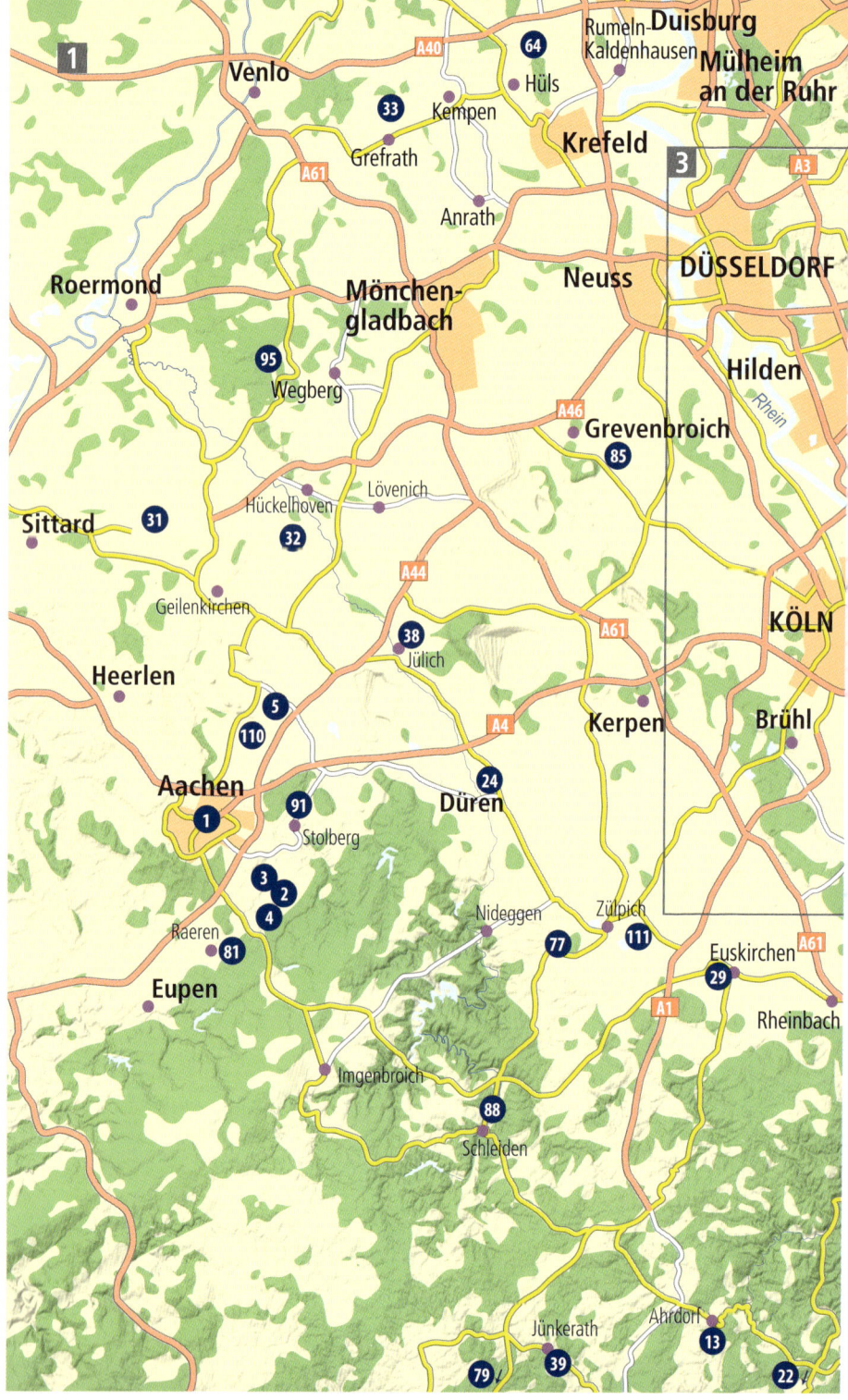

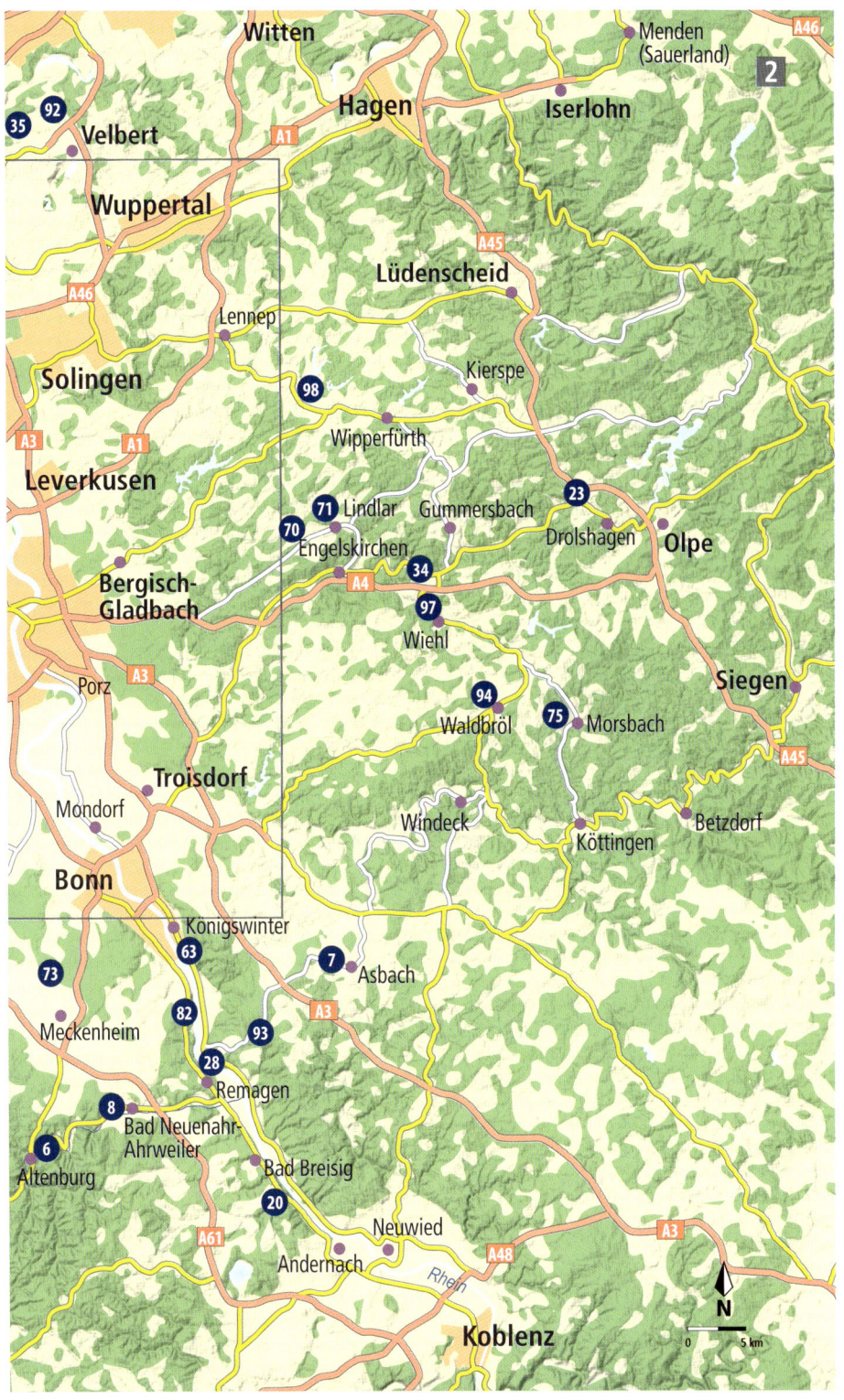

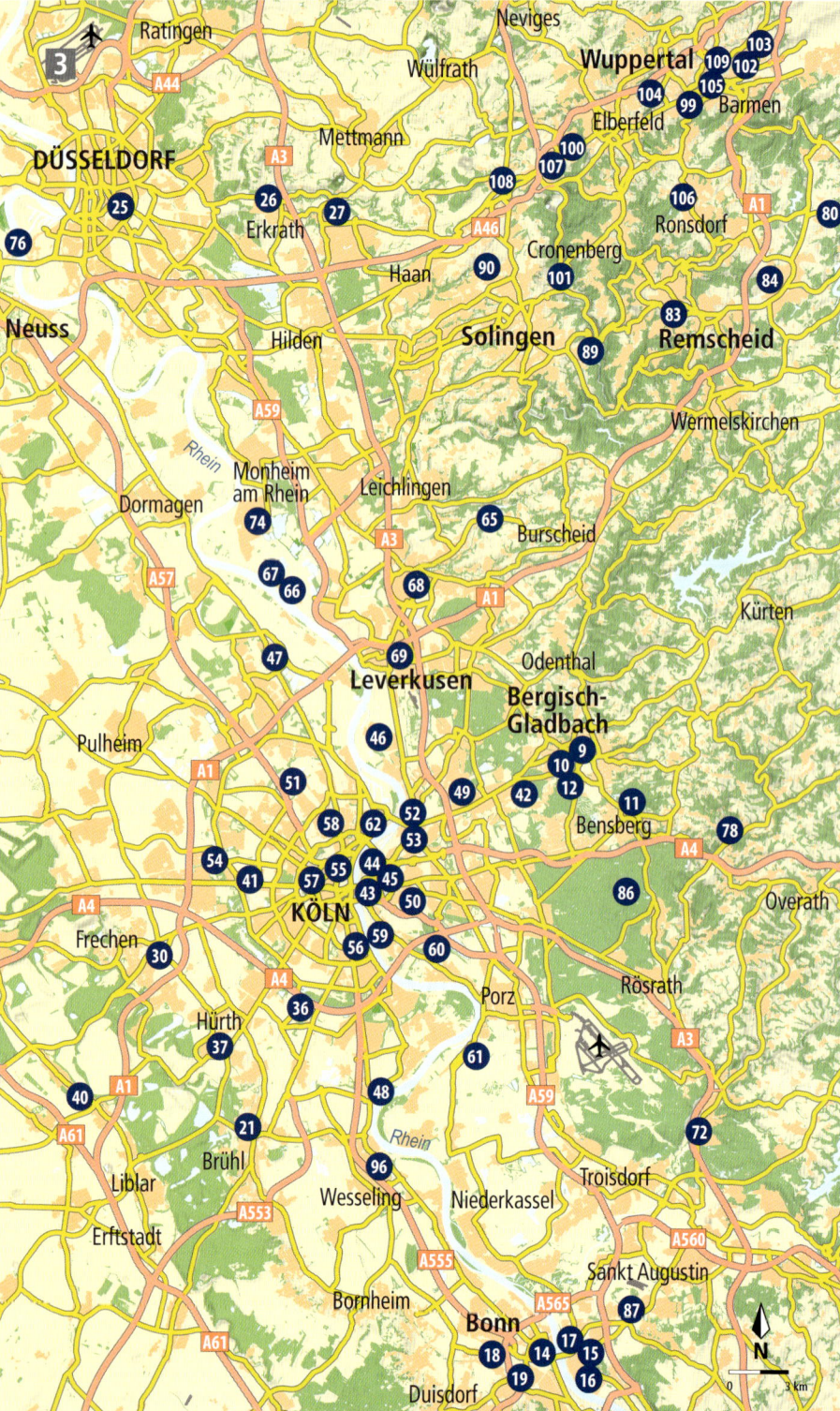

Bernd Imgrund,
Britta Schmitz
**111 Kölner Orte, die man
gesehen haben muss**
Band 1
ISBN 978-3-89705-618-3

Bernd Imgrund,
Britta Schmitz
**111 Kölner Orte, die man
gesehen haben muss**
Band 2
ISBN 978-3-89705-695-4

Bernd Imgrund,
Nina Osmers
**111 Orte im Kölner Umland,
die man gesehen haben muss**
ISBN 978-3-89705-777-7

Peter Eickhoff
**111 Düsseldorfer Orte, die
man gesehen haben muss**
ISBN 978-3-89705-699-2

Ralf Koss, Stefanie Kuhne
**111 Orte im Bergischen Land,
die man gesehen haben muss**
ISBN 978-3-95451-027-6

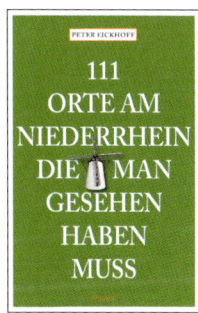

Peter Eickhoff
**111 Orte am Niederrhein, die
man gesehen haben muss**
ISBN 978-3-89705-815-6

Markus Danner,
Johannes Seibt
**111 Orte in Leverkusen, die
man gesehen haben muss**
ISBN 978-3-95451-849-4

Eckhard Heck
**111 Orte in Bonn, die man
gesehen haben muss**
ISBN 978-3-95451-212-6

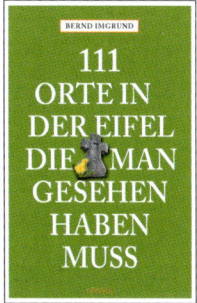

Bernd Imgrund
**111 Orte in der Eifel, die
man gesehen haben muss**
ISBN 978-3-95451-003-0

Alexander Barth,
Eckhard Heck
**111 Orte in Aachen und
der Euregio, die man
gesehen haben muss**
ISBN 978-3-89705-931-3

Fabian Pasalk
**111 Orte im Ruhrgebiet, die
man gesehen haben muss**
ISBN 978-3-89705-814-9

Fabian Pasalk
**111 Orte im Ruhrgebiet, die
man gesehen haben muss,
Band 2**
ISBN 978-3-95451-223-2

Ralf Koss, Stefanie Kuhne
**111 Orte im Ruhrgebiet, die
uns Geschichte erzählen**
ISBN 978-3-95451-415-1

Alexandra Schlennstedt,
Jobst Schlennstedt
**111 Orte in Ostwestfalen-
Lippe, die man gesehen
haben muss**
ISBN 978-3-95451-109-9

Fabian Pasalk
**111 Orte in Essen, die man
gesehen haben muss**
ISBN 978-3-95451-924-8

Jörg Küster, Christina Kuhn,
Katrin Höller
**111 Orte in Südwestfalen,
die man gesehen haben muss**
ISBN 978-3-89705-926-9

Paul Stänner
**111 Orte im Münsterland, die
man gesehen haben muss**
ISBN 978-3-95451-116-7

Ursula Gilbert, Michael Klein
**111 Orte im Siebengebirge, die
man gesehen haben muss**
ISBN 978-3-95451-921-7

Stefanie Jung
111 Orte in Rheinhessen, die man gesehen haben muss
ISBN 978-3-95451-082-5

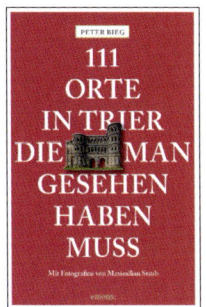

Peter Bieg, Maximilian Staub
111 Orte in Trier, die man gesehen haben muss
ISBN 978-3-95451-848-7

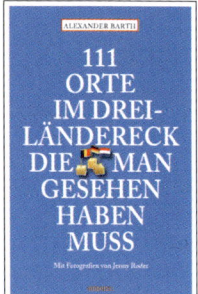

Alexander Barth, Jenny Roder
111 Orte im Dreiländereck, die man gesehen haben muss
ISBN 978-3-95451-316-1

Anke Müller
111 Orte an der Mosel, die man gesehen haben muss
ISBN 978-3-95451-325-3

Christina Kuhn, Christian Löhden
111 Orte in der Pfalz, die man gesehen haben muss
ISBN 978-3-95451-085-6

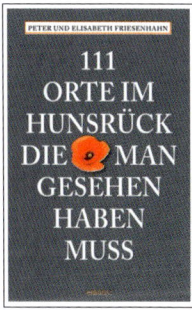

Elisabeth Friesenhahn, Peter Friesenhahn
111 Orte im Hunsrück, die man gesehen haben muss
ISBN 978-3-95451-319-2

HP Mayer
111 Orte im Rheingau, die man gesehen haben muss
ISBN 978-3-95451-918-7

Kirsten Elsner-Schichor
111 Orte im Harz, die man gesehen haben muss
ISBN 978-3-7408-0121-2

Jacek Auerbach
111 Orte in Oldenburg, die man gesehen haben muss
ISBN 978-3-7408-0249-3

Jochen Reiss
111 Orte in und um Göttingen,
die man gesehen haben muss
ISBN 978-3-7408-0240-0

Cornelia Ziegler
111 Orte im Allgäu, die
man gesehen haben muss
ISBN 978-3-95451-343-7

Stefan Spath
111 Orte in Salzburg, die
man gesehen haben muss
ISBN 978-3-95451-114-3

Alexandra Schlennstedt,
Jobst Schlennstedt
111 Orte in der Lüneburger
Heide, die man gesehen
haben muss
ISBN 978-3-95451-844-9

Gerald Polzer, Stefan Spath
111 Orte in Graz, die man
gesehen haben muss
ISBN 978-3-95451-466-3

Gerald Polzer, Stefan Spath
111 Orte in Oberösterreich,
die man gesehen haben muss
ISBN 978-3-95451-857-9

Christian Löhden
111 Orte in Graubünden, die
man gesehen haben muss
ISBN 978-3-95451-514-1

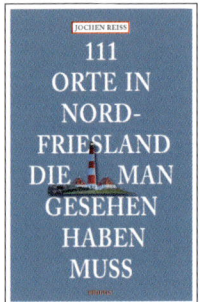

Jochen Reiss
111 Orte in Nordfriesland, die
man gesehen haben muss
ISBN 978-3-95451-627-8

Jochen Reiss
111 Orte im Fünfseenland,
die man gesehen haben muss
ISBN 978-3-95451-851-7

Rike Wolf
111 Orte in Hamburg, die
man gesehen haben muss
ISBN 978-3-89705-916-0

Rüdiger Liedtke
111 Orte auf Mallorca, die
man gesehen haben muss
ISBN 978-3-89705-975-7

Lucia Jay von Seldeneck,
Verena Eidel, Carolin Huder
111 Orte in Berlin, die man
gesehen haben muss
ISBN 978-3-89705-853-8

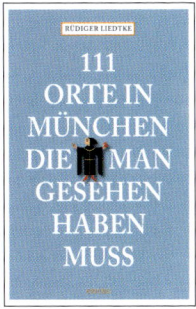

Rüdiger Liedtke
111 Orte in München, die
man gesehen haben muss
ISBN 978-3-89705-892-7

Lucia Jay von Seldeneck,
Verena Eidel, Carolin Huder
111 Orte in Berlin, die man
gesehen haben muss
Band 2
ISBN 978-3-95451-207-2

Ursula Kahi
111 Orte im Aargau, die
man gesehen haben muss
ISBN 978-3-95451-537-0

Lust auf mehr? Laden Sie sich
die »LChoice«-App runter, scannen
Sie den QR-Code und bestellen
Sie weitere Bücher direkt in Ihrer
Buchhandlung.

Der Autor

Bernd Franco Hoffmann arbeitete als Journalist für den Kölner Stadt-Anzeiger, die taz und die Bergische Landeszeitung und als Autor für Sender wie ProSieben, WDR und RTL. Er verfasste zudem zahlreiche Bücher über Sport-, Lokal- und Eisenbahngeschichte.

Der Fotograf

Anton Luhr, geboren 1958, arbeitet seit 1991 als freier Bildjournalist für verschiedene Printmedien sowie für diverse Bildagenturen. Als ehemaliges Vollmitglied der Gesellschaft Deutscher Tierfotografen erhielt er im Bereich Wildlife-Tierfotografie auch einige Auszeichnungen und Preise.